초고령사회
일본
은퇴자가
사는 법

지은이 김웅철

서울올림픽이 열리던 1988년 도쿄 어학연수를 시작으로 일본 대학 연구원, 언론사 특파원과 국제부장, 일본 고령화와 시니어 트렌드 저자로 30여 년간 일본과 연을 이어 오고 있다. 2011년 한 금융회사의 '은퇴 매거진' 창간에 참여한 것을 계기로 고령사회의 모습과 시니어 라이프스타일에 천착하고 있다.

2000년대 초중반 도쿄 특파원 경험과 이후 일본 현장 취재, 문헌 연구를 바탕으로 칼럼을 쓰고 강의도 하고, 책도 출간하고 있다. 빠른 속도로 고령사회에 진입하고 있는 한국에 세계 최고령 국가인 일본의 사례가 도움이 될 것으로 굳게 믿고 있다. 고령화는 위기가 아닌 '기회'이며 변화가 필요한 우리 사회와 개인의 삶에 새로운 길을 안내해 줄 것이라고 설파하고 다닌다.

서강대 졸업. 서강대 사회학 석사. 상명대 문학 박사. 일본 게이오慶応義塾대학 연구원, 《매일경제신문》 도쿄 특파원, 국제부장, (주)매경비즈 대표 역임. 현재 지방자치TV 대표. 주요 저서 《초고령사회 일본이 사는 법》 《초고령사회 일본에서 길을 찾다》. 역서 《대과잉 시대가 온다》 등 다수.

초고령사회 일본 은퇴자가 사는 법

2024년 11월 20일 개정판 1쇄 발행
지은이 김웅철
펴낸곳 부키(주)
펴낸이 박윤우
등록일 2012년 9월 27일
등록번호 제312-2012-000045호
주소 서울시 마포구 양화로 125 경남관광빌딩 7층
전화 02)325-0846 | 팩스 02)325-0841
홈페이지 www.bookie.co.kr | 이메일 webmaster@bookie.co.kr
제작대행 올인피앤비 bobys1@nate.com

ISBN 979-11-93528-39-6 03190

초고령사회 일본 은퇴자가 사는 법

일본 은퇴 선배들의 인생 후반을 위한 현실 조언

김웅철 지음

부·키

이제부터는 누구를 위해서가 아니라 당신 자신을 위해 살아라

"노후의 돈은 '쓸 곳'이 중요합니다. 노후 재무 계획을 짤 때는 반드시 써야 할 곳부터 정하는 게 순서입니다." – 금융 컨설턴트

"은퇴 후 비로소 '진정한 자유'가 생기는 겁니다. 가족 책임, 사회적 시선 모두 내려놓고 오직 자신에게 몰두하세요." – 미래 전망서 작가

"나이가 들면 노화하는 것이 자연의 이치입니다. 몸이 늙는다고 인공 기술에 의존하는 건 오히려 건강을 해치는 일입니다." – 해부학자

지난 8년간 고령화와 시니어 라이프에 관한 글을 쓰고 강연해 오면서 독자와 청중에게 격한 공감을 이끌어 냈던 말들입니다. 죽을 때까지 팔팔하게 살다 가겠다는 '구구팔팔', 노후를 '사람답게' 보내려면 10억 정도는 있어야 한다는 '노후 안전 신화神話', 다이어리 캘린더의 빈 공간이 불안하기만 한 '퇴직 증후군' 등. 이런 게 노후를 맞이하는 사람들의 '보통 생각'일 겁니다. 건강할수록, 돈이 많을수록, 친구가 많을수록 노후가 행복할 거라는 믿음 말입니다.

그런데 실제로 필자가 들여다본 평범한 은퇴자들의 '속내'는 꽤 달랐습니다. 일반론에 공감하면서도 그것보다는 오히려 그 보통 생각을 뒤엎는 '역발상'에 더 환호했습니다. 왜 그랬을까요? 건강을 지킬 자신이 없어서? 모아 둔 돈이 없어서? 인간관계가 소원해질 것 같아서?

이들도 건강, 돈, 관계가 노후에 얼마나 중요한지 잘 압니다. 하지만 그것만 가지고는 길고 긴 노후, 한 번뿐인 제2의 인생이 채워지지 않을 것 같다는 일종의 '확신'이 들었던 것입니다.

노후의 역발상은 뭘 말하는 걸까요? 서두에서 그런 생각들의 사례를 적었습니다만, 굳이 풀어 본다면 젊을 때보다 더 정력적인 활동이 필요하고, 인생의 가치를 더 중시하는 '목적 있는 삶'이 되어야 한다는 것, 또 가족이나 주변 사람보다 자신을 더 사랑할 수 있는 '고독력孤獨力'을 길러야 한다는 것 등이 아닌가 합니다.

정년퇴직과 관련한 다음의 역발상도 흥미롭습니다. 직장의 의미를 다시 생각해 보게 합니다.

"많은 직장인이 자신의 인생과 회사의 일을 동일시하는 경향이 있는데, 이는 그릇된 생각이다. 회사에서 일한다는 것은 그 사회가 요구하는 역할을 한시적으로 분배받는 것이고, 월급은 그에 따른 대가다. 그러다 기한이 되면 역할을 다시 사회에 환원하는 것이 정년퇴직이다."

이 의견에 동의하십니까? 이러한 역발상 사례는 이웃 나라 일본의 은퇴 이야기들입니다. 일본은 세계에서 가장 늙은 나라입니다. 남성 4명 중 1명이, 여성 3명 중 1명이 65세 이상의 노인입니다. 숫자로 따지면 3500만 명이 넘습니다.

이 거대한 고령자 집단이 오늘날 사회의 주류 집단으로 부상하고 있습니다. 이런 상황은 인류 역사상 처음 있는 일입니다. 일본은 1000조 원에 달하는 정부 예산 중 상당 부분을 이 주류 집단의 건강과 생활 유지에 쏟아붓고 있습니다. 이런 상황이 지속될 수 있을지 의문이 들 정도입니다.

그런데 한편으로는 '희망'과 '기대'도 있습니다. 3500만 명의 고령자 중에 적어도 절반 이상은 '젊은 노인'들입니다. 액티브 시니어 Active senior라고도 부릅니다. 특히 '단카이 세대'로 불리는 베이비부머 은퇴자들은 초고령사회 일본에서 존재감을 과시하고 있습니다.

이들은 젊은이들보다 건강하고, 현역 직장인들보다 재정적으로 여유가 있으며, 다양한 커뮤니티에서 새로운 인연을 만들어 가고 있습니다.

지난 2007년, 이 초고령 '신인류'가 60세 환갑을 맞으면서 대거 정년퇴직을 했습니다. 당시 일본 매체는 이들의 무더기 퇴장이 가져올 사회적인 충격을 '2007 문제'라고 명명하면서 대서특필했습니다. 우수한 인적 자원의 손실 등 사회·경제적인 논의와 함께 젊은 노인들의 '은퇴 절벽'에 대한 우려와 대응책도 쏟아져 나왔습니다.

'회사 인간'이라고 불릴 정도로 직장이 전부인 줄 알았던 은퇴남들, 직장 주변은 속속들이 잘 알면서도 정작 자기가 사는 곳에 대해서는 어리숙한 이른바 '파트타임Part time 시민들'에게 정부와 지자체는 물론 매체, 학계, 기업, 시민단체를 포함한 전 사회가 마치 컨설턴트라도 된 것처럼 애정 어린 조언들을 쏟아 냈습니다. 지역 사회에 연착륙하기를 염원하는 다양한 '노후 데뷔' 아이디어를 제시했습니다.

이 책은 그 당시 정년퇴직 그룹을 위한 일본 사회의 컨설팅 중에서 독자 여러분에게 단초가 될 만한 것들을 찾아 정리한 것입니다. 글의 내용이 상당 부분 2010년 초반의 것들인 이유는 당시 베이비부머인 단카이 세대의 정년퇴직이 본격화됐고, 그때의 상황을 전달하는 것이 현재 우리 은퇴자들의 처지와 잘 맞는다고 생각해서입니다. 돈의 가치도 당시 환율인 100엔당 1000원을 기준 삼았습니다.

　물론 이 책에는 노후 자금 관리 비법 같은 구체적인 해결책이 제시되어 있지는 않습니다. 일부는 우리에게 다소 생경한 것일 수 있습니다. 하지만 일본 은퇴자들의 고민과 대응들을 다양한 방면에서 바라보면서 그간 막연하게만 그려 보던 은퇴 생활을 조금이나마 또렷하게 만드는 기회가 될 거라고 믿습니다. 욕심을 좀 더 낸다면 이 책이 은퇴를 전후한 독자들에게 '마음의 참고서'가 되길 기대해 봅니다.

　항상 애정을 갖고 후배를 챙겨 주시는 부키의 박윤우 대표님과 김용범 이사님께 이 자리를 빌려 다시 한 번 감사를 드립니다. 이 책은 항상 저와 창작 작업을 함께하는 번역가이자 아내인 김지영과의 또 하나의 공동 작품임을 밝혀 둡니다.

2020년 6월

김웅철

| 차례 |

1부 미래
'은퇴'가 아닌 '데뷔'의 시간이다

2부 일

100세 시대, '평생 현역'으로 산다

3부 돈

당신은 '은퇴 부자'인가 '은퇴 빈민'인가

4부 관계

새로운 인연이 새로운 인생을 선물한다

5부 일상

나이 들수록 더 행복해지는 비밀

1부 미래

'은퇴'가 아닌
'데뷔'의 시간이다

은퇴하기 전에
알았다면 좋았을 것들

'퇴직하기 전에 미리 좀 해 둘걸⋯.'

조직 사회에서 '자유 계약 선수'로 풀려난 은퇴자들. 직장에 다닐 때는 몰랐는데 막상 은퇴하고 나니 후회되는 일이 한두 가지가 아니다. '현역 시절에 미리미리 준비해 두었다면 얼마나 좋았을까' 하는 아쉬움이 진하게 남을 무렵이면, 때는 이미 늦은 것이다.

이웃 나라 일본 은퇴자들도 사정은 비슷하다. 경제 주간지《프레지던트》가 55~74세 은퇴 남녀 1000명에게 '퇴직하고 나니 무엇이 가장 후회되느냐' '다시 현역 시절로 돌아간다면 가장 해 보고 싶은 것이 무엇이냐'라는 질문을 던져 봤다.

그 답변들을 들여다보니 우리와 별반 다르지 않은 듯하다. 건강, 돈과 생활, 일과 인간관계 등 3가지 분야에서 일본 은퇴자들이 가장 후회하는 것들, 인생의 '후회막급 톱10'을 여기 소개한다. 우리나라 은퇴 예비군들이 새겨들을 만한 것들도 꽤 있다.

먼저 건강 분야 후회막급 1위는 무엇일까. 뜻밖에도 '정기적으로 치아 검진을 받을걸'이었다. 이가 부실하면 먹는 즐거움은 반감된다. 먹는 즐거움이 없으면 그만큼 삶의 질도 떨어질 수밖에 없다. 특히 의치 등은 대부분 보험이 적용되지 않아 가계 살림에도 타격이 크다. 은퇴자들은 "웬만큼 아프지 않은 치아는 방치하기 쉽지만 그 대가는 실로 크다"고 말했다.

다음으로 '꾸준히 운동해서 체력을 길러 둘걸' '평소 많이 걸을걸' '폭음이나 폭식하지 말걸' 순이었다. 두발 관리(남성) 혹은 피부 관리(여성)에 대한 아쉬움도 적지 않다는 점이 눈길을 끈다.

돈과 관련한 분야에서 가장 많이 후회하는 것은 역시 저축이었다. '좀 더 많이 저축해 둘걸'이라는 응답이 압도적으로 많았다. 응답자들은 "연금만으로 꾸려 가는 노후 생활은 상상 이상으로 힘들다"고 입을 모았다. 일본 매체 중에서는 노후 자금으로 연금 외에 3000만 엔(약 3억 원)은 필요하다고 말하는 곳도 있다. 생활비 부족분 1000만 엔에 자녀 결혼 지원비와 주택 수리비 등에 2000만 엔이 들어간다는 계산이다.

건강 분야 후회막급 톱10

1위   정기적으로 치아 검진을 받을걸.

2위   운동으로 체력을 길러 둘걸.

3위   평소 많이 걸을걸.

4위   폭음 · 폭식하지 말걸.

5위   간식을 자제할걸.

6위   두발 관리 좀 해 둘걸.

7위   담배를 끊을걸.

8위   나만의 스트레스 해소법을 찾아 둘걸.

9위   사소한 것에 연연하지 말고 많이 웃을걸.

10위 규칙적인 생활을 할걸.

● 놀랍게도 1위를 차지한 것은 '치아 검진'이었다. 돈과 시간이 많이 들기에 방치하기 쉬운 치아는 노년의 삶의 질과 직결된다.

정년퇴직 후에도 매달 나가는 주택 대출 잔금에 대한 은퇴자들의 후회는 그야말로 절절했다. 넉넉지 않은 살림에 대출 잔금 부담은 가히 치명적일 정도라는 것. 자녀 교육비 지출에 대한 후회도 만만치 않았는데, '재정 지원은 대학까지만, 유학은 자력으로'라는 식으로 한계를 분명히 해 둬야 한다고 은퇴 선배들은 당부했다.

돈과 생활 분야 후회막급 톱10

1위 저축을 좀 더 많이 해 둘걸.

2위 다양한 분야를 공부해 볼걸.

3위 가고 싶은 곳을 자주 여행할걸.

4위 연금 생활에 맞게 생활 규모를 줄여 둘걸.

5위 퇴직 후에도 활용할 수 있는 자격증을 따 둘걸.

6위 다양한 분야의 일(직업)에 도전해 볼걸.

7위 개인 연금에 가입해 둘걸.

8위 건강할 때 주변에 불필요한 것(물건)들을 정리해 둘걸.

9위 요리 등 집안일을 좀 더 배워 둘걸.

10위 퇴직 후 여가 생활을 위한 여유 자금을 마련해 둘걸.

● 저축은 예상한 결과지만, '생활 규모'를 줄이는 문제는 경험자만이 해 줄 수 있는 귀중한 노후 생활의 팁이다.

여가 생활 관련해서는 상당수가 '평생 즐길 수 있는 취미를 가질 걸' '여행을 많이 할걸'이라는 후회를 꼽았다. 취미 생활이나 여행 등으로 충분히 여가를 즐기지 못한 데 대한 아쉬움이 진하게 묻어 났다. '좀 더 다양한 분야를 공부해 볼걸' '퇴직 후에 활용할 자격증을 따 둘걸' 등 공부에 대한 미련도 의외로 많았다.

마지막으로 '부모, 자녀와 많이 대화할걸' '많은 친구를 사귀어

일과 인간관계 분야 후회막급 톱10

1위 평생 즐길 수 있는 취미를 찾아 둘걸.

2위 부모님과 자주 만나 얘기를 나눌걸.

3위 친구를 많이 사귀어 둘걸.

4위 자녀와 많이 대화할걸.

5위 결혼에 대해 좀 더 신중히 결정할걸.

6위 지역 사람들과 자주 만나 교류해 둘걸.

7위 회사 외에 매일 찾아갈 만한 곳을 만들어 둘걸.

8위 부부간에 자주 대화할걸.

9위 일은 적당히 하고 좀 더 많이 놀걸.

10위 뜨거운 연애를 해 볼걸.

• 회사 일에 매몰되어 소홀히 한 것들이 노년의 삶에서 가장 중요한 것이 된다.

둘걸'과 같은 응답이 순위 안에 든 것을 보면, 평생 일에만 얽매여 가족과 친구 등 인간관계에 소홀했던 점을 많이 후회한다는 것을 알 수 있다.

이 리스트들을 보면서 미처 생각지 못한 부분에 놀란 사람들이 꽤 있을 것이다. 그것이 후회막급 리스트를 첫 번째 챕터로 정한 이유다. 은퇴 선배들이 후회하는 것들을 잘 체크해 보면 무엇을 노

| 이웃 나라 일본의 은퇴 선배들이 아쉬워하는 것들 |

Q. 건강, 돈과 생활, 일과 인간관계에서 가장 후회하는 것은?

| 건강 분야 |

"치아를 소중히 잘 관리할걸."

| 돈과 생활 분야 |

"좀 더 많이 저축해 둘걸."

| 일과 인간관계 분야 |

"평생 즐길 수 있는 취미를 가질걸."
"부모, 자녀와 대화 많이 할걸."

● 각 분야에서 1위를 차지한 것들을 찬찬히 들여다보며 무엇을 놓쳤는지 곱씹어 보자.

후 준비의 초석으로 삼아야 하는지 명확히 보이기 시작할 것이다.

하면 안 되는 행동,
하면 좋은 행동

일본에서는 직장인이 정년퇴직으로 직장 생활을 마감하고 거주지인 지역 사회로 본격 귀환하는 것을 두고 '지역 데뷔'라고 부른다.

　지역 데뷔라는 말이 사람들 입에 자주 오르게 된 것은 2007년부터다. 이 해는 일본의 베이비부머 1세대인 '단카이 세대'의 정년퇴직이 본격적으로 시작된 해이기도 하다. 당시 대규모 인구가 한꺼번에 지역 사회로 복귀하자 이들을 맞이하게 된 지자체로서는 기대와 걱정이 교차했다. 많은 인구의 갑작스러운 지역 데뷔를 가만히 손 놓고 바라볼 수만은 없었던 지자체들은 고심 끝에 해결책을 내놓았다. 지역 생활에 문외한인 은퇴자들이 자신이 사는 지역에 정착하고 생활하는 데 보탬이 될 만한 각종 교육 프로그램을 만들어 가동하기 시작한 것이다. 프로그램 운영의 배경에는 아직 젊고 능력 있는 단카이 세대 은퇴자들을 잘 활용해 지역 경제 활성화의 계기를 만들어 보자는 지자체의 야심 찬 기대도 함께 있었다.

실례로 도쿄 아다치足立구는 '아다치 지역 데뷔 대학원'이란 이름의 프로그램을 개설해 가족의 품으로 돌아온 정년퇴직자에게 앞서 지역 사회 안착에 성공한 선배들이 경험을 전수하도록 돕고 있다.

이 같은 지역 데뷔 지원 프로그램은 이제 도쿄뿐 아니라 전국의 거의 모든 지자체에서 다양한 커리큘럼을 마련해 활발히 운영되고 있다. 프로그램 이름을 살펴보면, '단카이 세대여, 이제는 지역 데뷔다' '지역 데뷔를 응원하는 세미나' '지역 데뷔 강좌, 남자의 준비학' '지역 데뷔 준비 스킬, 다시 한 번 빛나는 인생 스테이지' 등으로 지역 데뷔의 중요성과 노하우를 알려 주는 것이 많다.

매체에서도 지역 데뷔 성공법에 대해 많이 다뤘는데, 그중에서도 특히 지역 데뷔 성공 노하우 10가지를 소개한 경제지《주간 다이아몬드》기사가 꽤 흥미롭다. 이에 '성공적인 지역 데뷔를 위한 10대 행동 강령'이라는 이름을 붙여 정리해 봤다.

10대 행동 강령은 해서는 안 될 '절대 금물 5대 행동 강령'과 꼭 했으면 하는 '강력 추천 5대 행동 강령' 크게 2가지로 구분한다.

먼저 살펴볼 것은 절대 금물 5대 행동 강령인데, 이는 주로 지역

절대 금물 5대 행동 강령

1. 상대방의 말을 중도에 끊지 마라.

　하찮은 것 같아도 무조건 꾹 참고 끝까지 경청하라.

2. 상대방의 의견에 토를 달지 마라.

　"그게 아니죠"가 아니라 "그렇게 생각할 수도 있겠네요"가 정답이다.

3. 서둘러 결론을 내려 하지 마라.

　대화의 '결과'보다 '과정'이 중요하다.

4. 회사 시절 무용담을 들먹이다가는 큰코다친다.

　지역 사회는 '평등 사회'다. 명령조 어투는 버려라.

5. 정치, 경제 이슈는 대화 주제로 금물이다.

　신변잡기, 일상생활 이야기가 공감대 형성과 친분 쌓기에 더 도움이 된다.

주민들, 그중에서도 지역 사회의 주류를 이루는 여성 주민들과 대화할 때 주의해야 할 사항들이다. 거주 지역에서 주로 접하는 사람들은 아무래도 남성보다는 중장년 여성들이 더 많다. 따라서 이들과의 대화법에 초점을 맞춰 커뮤니케이션하는 것이 지역 데뷔 성공의 지름길이라 해도 과언이 아니다.

　첫째, 상대방 이야기를 중간에 끊어서는 안 된다. 직장에 다니던 시절 늘 시간에 쫓기며 살던 퇴직자들에게는 특히 중년 여성, 속칭

아줌마들의 꼬리에 꼬리를 무는 긴 수다가 시시껄렁하게 느껴질 수 있다. 그것을 끝까지 참고 듣는 것은 결코 쉬운 일이 아니다. 중년 여성의 신변잡기 같은 얘기를 듣고 있노라면 중간에 말을 끊고 싶은 강한 유혹이 불쑥불쑥 고개를 드는 것도 어쩌면 당연한 일이다. 공감까지는 아니더라도 꾹 참고 무조건 끝까지 경청해 주도록 하자.

둘째, 상대방의 생각이 나와 다르다고 곧바로 부정적인 반응을 보이거나 반론을 펼쳐서는 안 된다. 가능한 한 남의 의견에 대해 논평하지 않는 것이 좋다. 또 상대와 다른 의견을 내놓더라도 아주 부드러운 수준에 머물러야 한다. "그게 아니고요!"가 아니라 "아, 그렇게 생각할 수도 있겠네요"가 정답이다.

셋째, 대화할 때 서둘러 결론을 내리려고 해서는 안 된다. 지역 사회는 효율을 최우선시하는 기업과는 엄연히 다른 조직이다. 실적을 올리고 성과를 내는 등의 '결과'보다는 남의 의견을 듣고 자신의 생각을 말하며 조율하는 '과정'이 더 중요하다는 뜻이다. 실적 중시와 효율적인 일 처리가 몸에 밴 기업이나 단체의 고위 관리직 출신은 이런 면에서 특히 요주의 대상으로 분류된다. 더불어 자신의 현역 시절 무용담만 늘어놓다가는 '왕따'를 당할 수도 있다는 것을 알아 두기 바란다.

넷째, 명령조의 발언은 금기 사항이다. 특히 여성을 회사 부하 직원한테 지시하는 식의 어투로 대하면 지역 사회에 제대로 안착하기 어렵다. 지역 사회에는 직책이 존재하지 않는다. 사실상 '평등 사회'인 셈이다. 자신의 '화려한 과거'에 집착할수록 지역 주민들과 거리가 멀어질 뿐이라는 사실을 명심하자.

마지막 다섯째, 가능하면 대화 주제로 정치나 경제 이야기는 삼가는 것이 좋다. 예전 회사 동료들과는 식사 때나 술자리에서 자연스레 사회 이슈 이야기가 오고 갔을 것이다. 하지만 지역 사회에서 알게 된 상대라면 자신의 가치관과 관련된 정치, 종교 등 사회적 이슈를 대화 주제로 삼는 것은 금물이다. 그보다는 일상생활이나 신변잡기 얘기가 공감대 형성에 용이하고 친분을 쌓는 데 도움이 된다. 다른 사람이 말을 꺼내 정치나 경제 이야기가 화제에 오를 때도 잘난 체하지 않도록 주의할 필요가 있다.

다음은 꼭 실천했으면 하는 강력 추천 5대 행동 강령이다. 첫째로 아내를 지역 사회의 대선배로 받들어 모셔야 한다. 예전 직장에서는 자신이 최고참이었을지 모르지만, 지역 사회에서는 한낱 초년생에 불과하다. 무려 30년 이상 지역 사회의 '조직원'으로 생활해 온 아내를 선배로 모시고, 일상의 주도권을 아내에게 넘겨준다는 인식의 전환이 필요하다.

둘째, 지역 사람들과 적극적으로 대화해야 한다. 정년퇴직 후 지역 사회에 적응하지 못하고 집 안에만 틀어박혀 있는 바람에 우울증에 시달리는 고령자들 얘기를 심심찮게 듣는데, 성공적인 노후

강력 추천 5대 행동 강령

1. **아내를 지역 대선배로 받들어 모셔라.**

   30년간 '지역 조직 생활'을 해 온 아내에게 일상의 주도권을 넘겨라.

2. **지역 주민들과 적극적으로 대화하라.**

   애완견 산보, 쓰레기 분리수거로 주민들과 자연스럽게 말을 주고받아라.

3. **은퇴 전에 지역 데뷔 '인턴십'을 경험하라.**

   은퇴 전 지역 동호회 참여 등 준비 기간을 가져라.

4. **지역 사회 활동은 좋아하는 분야에 집중하라.**

   의무적인 봉사 활동은 기존 주민들과 충돌을 빚을 수 있다.

5. **신참자들만의 커뮤니티를 만들어라.**

   은퇴 초년병끼리 의기투합하면 지역 사회에 쉽게 안착할 수 있다.

생활을 위해서 은퇴자들에게 가장 요구되는 사항이 바로 '적극성'
이다.

셋째, 은퇴 이전에 지역 데뷔를 위한 준비 기간을 갖는 것도 좋
은 전략이다. 사회에 첫발을 내디딜 때도 '인턴십'이라는 수습 기
간을 거치지 않는가. 지역 사회라고 다르지 않다. 은퇴 전부터 지
역 주민들과 미리 안면을 터놓거나 지역 동호회에 참여하는 등의
인턴 기간을 가져 보길 바란다. 일본의 은퇴 전문가들은 이를 '프

리 데뷔Pre Debut'라고 부르는데, 보통 퇴직 10년 전부터 시작하길 권한다.

넷째, 지역 사회 활동은 자신이 좋아하는 분야에 집중하자. 적잖은 은퇴자들이 자신의 기호나 취향과 상관없이 지역 봉사 활동에 '의무적'으로 참여하려 한다. 주민들과 융화하면서 지역 사회 내에서 하루라도 빨리 자신의 위치를 확고히 해 보겠다는 조바심이 발동해서다. 하지만 단순한 의무감만으로 지역 봉사 활동을 하다 보면 오래가지 못하고 오히려 기존 주민들과 충돌을 빚을 수도 있다. 긴 호흡으로, 시간적 여유를 갖고 지역 사회에 합류하겠다는 마음가짐이 필요하다.

마지막으로 다섯째, 은퇴 신참들만의 커뮤니티를 만들어 보길 권한다. 지역에는 이미 주민 모임이나 동호회 등 견고한 기존 네트워크가 있을 것이다. 어느 날 갑자기 모임에 끼어들어 적극적으로 참여한다는 것은 현실적으로 쉬운 일이 아니다. 처음 가입해서 곧바로 주도적인 활동을 하는 사람은 오히려 주위의 반감을 사기 쉽다. 그럴 바엔 아예 갓 은퇴한 신참들만 모여 새로운 모임을 만드는 것도 하나의 방법이다. 신입 회원을 끌어모아야 하는 수고가 따르겠지만, 같은 처지인 사람들이 의기투합하면 지역 사회에 좀 더 수월하게 정착할 수 있다.

일본의 지역 데뷔 성공을 위한 전략이 다소 사소하게 느껴질지 모른다. 하지만 '삶'이라는 것은 바로 이런 사소한 것들로 채워진다. 일상의 중요성을 인식하고 성공적인 세컨드 라이프를 위해 이 10대 행동 강령을 실천해 봤으면 하는 바람이다.

당신만의 라이프플랜
다이어리를 만들어라

세심하고 철저하기로 소문난 일본인들. 그들은 퇴직 후 노후 생활을 위해 구체적으로 어떤 준비를 하고 있을까? 완벽한 노후를 위해 공적 연금, 퇴직 연금, 개인연금까지 '연금 3층 탑'을 쌓으며 금전적 대비에 열을 올리는 사람들도 있다. 하지만 일본의 은퇴 선배들 대부분은 퇴직 후 매일 마주하게 될 일상을 위한 '준비 운동'이 더 절실히 필요하다고 입을 모은다.

이들의 얘기를 좀 더 자세하게 들여다보면 은퇴 전 명함 정리법에서부터 집 안에 자기만의 공간 만들기, 지역 사회에서 행동 요령, 짜임새 있는 노후 계획법 등 고개가 절로 끄덕여지는 것들이 많다. 경제 평론가이자 은퇴 전문가인 에사카 아키라江坂彰 씨가 경제지《주간 다이아몬드》에서 제시한 '꼼꼼 은퇴 매뉴얼'을 우리도 한번 꼼꼼하게 살펴보자.

'볼 사람' '안 볼 사람' 구분하는
은퇴 전 명함 정리법

은퇴 후 삶의 터전은 직장에서 가정으로 바뀐다. 그때부터는 매일 얼굴을 맞대는 이웃과의 관계가 더 중요해진다. 하지만 짧은 시간에 새로운 인연을 만들기란 결코 쉬운 일이 아니다. 그래서 현역 시절 절친했던 직장 동료나 업무 등의 인연으로 맺어진 네트워크를 은퇴 후까지 이어 가는 게 효과적일 수 있다. '직연職緣'에서 해답을 찾자는 것이다.

그러기 위해서는 퇴직에 즈음해 자신의 명함첩을 두 부류로 나눠 관리할 것을 추천한다. 퇴직 후에도 계속 만날 사람과 퇴직과 동시에 얼굴 볼 일이 없는 사람으로 구분해 보는 것이다. 명함을 한 장한 장 넘기며 '평생 만날 사람'과 '직장에 있을 때만 볼 사람'으로 나누고, 은퇴 후 평생을 같이할 친구에게 좀 더 많은 시간과 애정을 할애해 보자. 이렇게 명함 정리법을 활용하다 보면 정년 이후의 계획이 의외로 명확해질 수 있다. 명함첩 관리 시기는 늦어도 퇴직을 앞둔 1~2년 전부터 시작하는 것이 좋다.

'닫힌 모임'에
가입한다

조직 생활에 익숙한 직장인 은퇴자에게 갑작스러운 홀로서기는 적잖은 충격으로 다가온다. 그래서 은퇴 이후에도 연대감을 가질 수 있는 동호회나 모임 같은 '또 하나의 조직'이 필요하다. 이때 조직의 형태는 되도록 '열린 것'보다는 '닫힌 것'이 좋다. 누구나 참여할 수 있도록 개방된 모임에서는 은퇴 후 허전한 마음을 나눌 '진짜 친구'를 만들기가 쉽지 않아서다. 소속감을 느끼며 좀 더 끈끈한 관계를 유지하고 싶다면 '닫힌 모임'에 가입하고 긴 호흡으로 시간을 투자해 적극적으로 활동할 것을 권한다.

집 안에 '나만의 은신처'를
만들어라

은퇴 후 절대 하지 말아야 할 것 중 하나가 하루 종일 거실에 떠억 버티고 앉아 있는 일이다. 그러다가는 아내의 구박이 쏟아지고 결국 '대형 쓰레기' 취급을 당할 수도 있다. 그런 날을 맞이하고 싶지 않다면 가급적 자주 아내의 눈 밖으로 사라져 주는 게 상책이다.

아내의 눈 밖으로 사라지려면 몸을 숨길 수 있는 '은신처'가 필요하다. 그런데 은신처가 굳이 먼 곳에 있을 필요는 없다. 누구에게도 간섭받지 않는 나만의 공간을 집 안에 만들어 보는 것도 하나의 방법이다. 그 공간 안에서 직장 생활로부터의 해방감을 만끽해 보자. 나만의 은신처에서는 누운 채로 보고 싶은 영화를 틀어 놓고 아작아작 소리 내며 과자를 먹어도 된다. 일본에서는 실제로 적지 않은 은퇴자들이 퇴직 후 집 안을 리모델링해 은신처를 만들고 있는데, 주로 독립한 자녀들의 방을 활용한다고 한다.

'나의 역사'를 쓰는
은퇴 라이프플랜 다이어리

제2의 삶을 시작하는 퇴직 후 인생. 이때 이모작을 제대로 지으려면 먼저 새로운 인생을 위한 '계획서'가 필요하다. 머릿속으로 그려 본 막연한 이미지만으로는 짜임새 있는 노후를 맞이하기 어렵다. 탄탄한 노후를 계획하고자 한다면 일단 노후와 관련된 자신의 생각을 모두 글로 옮겨 볼 것을 추천한다. 무엇을 써야 할지 막막하다면 한창 열심히 일하던 시절에 하고 싶어도 여러 가지 이유로 하지 못했던 것들을 빠짐없이 전부 써 내려가는 방법도 있다. 생각을 글로 옮기는 과정에서 스스로를 되돌아볼 수 있고 앞으로의 계획을 구체화할 수 있다.

일본에는 노후에 대한 자신의 생각을 적어 넣어 책의 형태로 만드는 '은퇴 라이프플랜 다이어리'라는 것이 있다. 내용은 네 항목으로 나뉘는데, 첫 번째 항목은 '나의 역사'다. 여기에는 나의 이력, 지금까지 살았던 거주지, 나와 가족의 연대기, 좋아하는 것, 취미나 모임, 여행 기록을 적어 넣는다. 두 번째 항목은 퇴직 이후 '생활 준비 상황'이다. 퇴직 후 거처, 노후 자금, 자산 운용이 이에 해당한다. 세 번째 항목은 '일과 보람'으로 정년퇴직까지 해 놓아야 할 일 리스트, 하고 싶은 일 리스트, 정년퇴직 후 일정표가 들어 있다. 네 번째 항목은 '나의 가족'이다. 만일의 사고에 대비하는 체크리스트와 상속, 간병, 유언, 장례 등을 계획할 수 있는 항목이 마련되어 있다. 이를 참고삼아 나만의 라이프플랜 다이어리를 만들어 보자. 각 항목에 성실히 답을 적어 넣으면 정년퇴직 후의 인생 계획이 좀 더 분명해질 것이다.

당신이 좋아하는 일에
10년간 몰두하라

일본 초고령화 사회의 중심에 서 있는 이들은 1차 베이비부머, 이른 바 단카이 세대다. 이들은 1947년에서 1949년까지 매해 약 270만 명이 태어나 3년간 총출생자 수가 680만 명에 이르는, 일본의 고도 성장기를 이끈 주역이다. 이 단카이 세대가 고령 인구의 중심으로 진출하면서 일본은 초고령화 사회로 속도를 더하게 됐다.

단카이는 '덩어리'라는 의미 정도로 해석할 수 있는데, 일본 베이비부머 세대의 인구 분포가 짧은 기간에 유난히 뭉쳐 있어 다른 세대와 확연히 구별되기에 이런 이름이 붙었다. 이 말은 사카이야 다이치堺屋太一의 소설《단카이 세대》가 출간된 이후 일본 베이비부머를 가리키는 사회학적 용어로 정착됐다.

　사카이야 다이치는 일본 통상산업성(현재의 경제산업성) 관료를 지내다 작가로 전직하면서 1976년 《단카이 세대》를 출간했다. 이 책은 일본 베이비부머가 앞으로 30년 후 겪게 될 세상을 그린 소설로, 당시 사카이야가 소설을 통해 묘사한 내용들은 2007년 실제 단카이 세대가 대거 은퇴했을 때 거의 현실화됐다. 아래 내용은 작가 사카이야가 언론을 통해 이야기했던 내용을 강연식으로 각색해 정리한 것이다. 우리나라 고령 인구에도 시사하는 바가 있을 것이다.

　　은퇴를 앞두고 '앞으로 어떻게 살아야 하나' 불안해하는 사람들이 많을 겁니다. 하지만 발상을 전환하면 불안이 희망과 기대로 바뀔 수 있습니다. 나는 60세 이후의 10년을 '황금의 10년'이라고 부릅니다. 지금까지 살아오면서 가족들을 위해 원치 않은 일도 참고 견뎌야 했지만 이제부터 싫어하는 것은 하지 않아도 됩니다. 나 자신만을 위해 인생을 즐길 수 있는 시기가 바로 은퇴 후 10년입니다. 다만 이 '황금의 10년'을 보내기 위해서는 몇 가지 조건이 따릅니다.

　　그 첫 번째가 '화려한 과거'를 빨리 잊는 것입니다. 특히 과거 직장에서의 인연, 즉 '직연'과 단절해야 합니다. 은퇴한 지 수년이 지났는데도 여전히 '우리 회사'라고 말하는 이들이 있습니다. 정년퇴직 후 재취업에 실패한 사람들을 보면 대개 옛 직장에 대한 충성심이 남아 있는 부류가 많습니다. 이전에 다니던 회사에 대한 미련은 새로운 인생을 시작하는 데 걸림돌이 될 뿐입니다.

또 은퇴 이후 재취업한 직장에서 받는 임금이 크게 낮아졌다고 낙담하는 사람들이 많은데, 그럴 필요가 없습니다. 여러분의 능력이 떨어진 게 아니라 그저 평가하는 기준이 바뀌었을 뿐입니다. 회사 내 조직에서 여러분을 평가하던 잣대는 '사내 가치'였습니다. 그 평가 기준이 시장에서의 평가, 즉 '시장 가치'로 바뀐 것입니다. 돈(연금)이 있고 지혜와 시간도 있습니다. 거기다 젊은이 못지않은 건강까지 있습니다. 자신감을 가져도 될 만큼 충분한 능력을 갖추고 있습니다.

다음으로 자신을 위해 돈을 써야 합니다. 더 이상 자녀들에게 돈 쓰지 말길 바랍니다. 고령자들이 자녀나 손주 등 젊은이들을 위해 지출하는 것은 사회 재정 측면에서도 모순이자 낭비입니다. 고령자 연금은 지금 현역 세대에게 받은 보험료로 지급합니다. 하지만 그렇게 해서 고령자에게 들어온 돈이 다시 젊은 세대로 흘러가고 있습니다. 일본의 경우 지방의 부모(고령자)로부터 수도권 거주 자녀(현역 세대)에게로 흘러들어가는 돈이 한 해 무려 5조 엔에 이른다고 합니다. 은퇴 이후에는 자신을 위해 돈을 써야 합니다. 그래야 고령자 서비스 산업이 살아납니다. 나를 위해 돈을 쓰면 그것이 풍요로운 친고령화 사회를 다음 세대에 물려주는 밑거름이 된다는 얘기입니다.

나를 위해 어떻게 돈을 써야 할까요? 자기가 하고 싶은, 좋아하는 일에 쓰길 바랍니다. 내가 하고 싶은 그 일에 10년간 몰두해 보세요. 한 가지 일이나 취미에 10년의 노력을 쏟아부으면 분명 전문가가 될 수 있습니다.

그럼 10년 후인 70세쯤에는 자신이 좋아하는 분야의 동료들이 생길 겁니다. 그렇게 해서 '좋아하는 것'을 공유하는 동호인 사회, '호연好緣 사회'로 진입할 수 있습니다. 전문 지식으로 사회에 공헌까지 한다면 인생의 보람도 느낄 수 있습니다.

그러면 자신이 좋아하는 것을 어떻게 찾을 수 있을까요? 오래 해도 지치거나 피곤하지 않은 것이 첫 번째 조건입니다. 골프를 하루에 2라운드나 치는데 피곤하지 않고 계속하고 싶다면 골프를 정말 좋아하는 것이겠지요? 또는 어떤 일에 대해 다른 사람과 끊임없이 이야기를 나누고 싶다면 그것도 자신이 좋아하는 일임이 분명합니다.

'황금의 10년'을 위한 행동 강령

1. 과거 직장의 인연에 얽매이지 마라.
– 전 직장에 대한 충성심을 버려라.

2. 재취업 시 임금 하락을 슬퍼하지 마라.
– 사내 가치에서 시장 가치로 평가받는 것일 뿐이다.

3. 좋아하는 일에 10년간 몰두하라.
– 한 분야에 긴 시간 집중하면 전문가가 된다.

4. 자녀와 손주에게 돈 쓰지 마라.
– 나 자신을 위해 돈을 써야 고령자 산업이 뜬다.

단카이 세대의 질 높은 노동력은 기업에게도 커다란 기회입니다. 젊은 이 못지않은, 아니 그들을 능가하는 의욕과 지식까지 갖춘 노동자가 대량으로 등장한 것이니까요. 더구나 그런 노동력을 '시장 가격'으로 이용할 수 있습니다. 이들을 어떻게 잘 활용하느냐가 앞으로 기업의 성패를 가름하는 열쇠가 될 수도 있습니다.

1970년대 중반 도쿄 시내 택시 운전자의 평균 나이는 32.5세였습니다. 요즘은 55세가 넘습니다(2015년 일본 전국 택시 운전자 평균 연령은 57.6세). 60세 이상의 고령자도 많습니다. 이는 고령자가 노동의 질과 임금 경쟁력을 앞세워 젊은이들과의 '고용 경쟁'에서 이긴 것입니다. 앞으로 다른 직업군에서도 연금 겸업형 고령자(연금+월급)와 경쟁하는 20~30대는 더욱더 힘들어질 것입니다.

베이비부머의 대량 은퇴는 새로운 비즈니스 기회이기도 합니다. 적잖은 기업들이 '돈을 잘 쓰지 않는다'며 고령자를 외면합니다만, 이는 고령자의 수요가 없어서가 아니라, 소비할 상품과 서비스가 없기 때문입니다. 어린이를 대상으로 하는 동요, 런치 메뉴, 패션 상품들은 널려 있지만 고령자를 위한 노래, 고령자 런치 메뉴, 시니어를 위한 패션 브랜드는 없습니다. 유럽은 대부분의 식당에 '시니어 메뉴'가 있는데 말입니다. 고령자 비즈니스 상품이라고 해 봐야 요양보험이나 치매 노인 시설만 부각됩니다. 하지만 고령자의 70% 이상이 여전히 건강한 몸을 유지하고 있습니다. 특히 베이비부머인 단카이 세대는 건강한 데다 충분한 구매력까지 갖췄습니다. 고령자들이 즐겁게 소비할 수 있는 시장

> ## 은퇴자 시장은 기업에게도 '황금의 기회'
>
> **1. 은퇴자를 즐겁게 하는 상품과 서비스를 창출하라.**
> – 고령자 런치 메뉴, 은퇴자 맞춤 교육 서비스 개발이 필요.
>
> **2. 고령자 활용이 향후 기업 성패를 결정짓는다.**
> – 저렴하고 질 높은 고령자 노동력 활용은 필수.
> – 시간제 근무 등 고령자 친화적 근무 환경 조성.

이 만들어져야 할 이유는 이것 하나로도 충분합니다.

일본에서 평균 연령이 가장 높은 직업은 무엇일까요? 바로 개업 의사입니다. 이들의 평균 연령은 60세가 넘습니다. 많은 고령자가 손주나 자식뻘 되는 젊은 의사보다 자기와 비슷한 나이대의 의사에게 마음 편히 진료를 받고 싶어 하기 때문입니다. 고령자 대상 교육 서비스도 마찬가지입니다. 고령자 교육은 '사교의 장'이기도 합니다. 피아노를 처음 배우려는 고령자에게 《바이엘》부터 들이미는 것은 무의미합니다. 고령자들은 유명한 곡 세 곡 정도만 자기 수준에 맞게, 멋들어지게 칠 수 있으면 그걸로 대만족입니다.

이제는 "내가 정말 하고 싶은 것은 이것이다"라고 명확히 말하는 은퇴자들이 필요합니다. 자신의 시장 가치를 인정하고, 자신이 좋아하는 것을 찾아 10년간 몰두하는 것이 여러분의 은퇴 후 10년을 '황금'으로 바꿔 줄 비법임을 기억하기 바랍니다.

버려라,
그러면 얻을 것이다

은퇴를 당장 눈앞에 둔 상황에서 지금까지의 인생을 한번 정리하고 새로운 인생을 펼치고 싶은가? 그런데 이 또한 어디서부터 시작해야 할지 막막하기만 한가? 그럴 때는 일본에서 인기를 끌었던 '단사리斷捨離 운동'을 참고해 보는 것도 좋을 듯하다.

단사리란 문자 그대로 일상에서 필요 없는 것을 끊고斷, 불필요한 물건을 과감히 버리며捨, 물건에 대한 집착과 이별離하는 것을 말한다. 이는 집착을 버리고 심적 평온 상태를 지향하는 요가 철학의 단행斷行, 사행捨行, 이행離行에서 따온 개념으로 작가 야마시타 히데코山下秀子가 이 철학을 청소와 정리정돈이라는 일상에 접목시켜 큰 인기를 얻었다. 단사리는 당시 대량 정년퇴직을 맞이하는 단카이 세대의 강한 공감을 얻으면서 사회적으로 큰 주목을 받았다.

단사리의 핵심은 '버려라, 그러면 얻을 것이다'로 정리할 수 있다. 이는 신변의 물건을 정리하는 '뺄셈'의 생활 습관이 아니라 과거 물건에 대한 집착을 버림으로써 새로운 마음의 여유를 얻는다는 '덧셈'의 철학이다. 이 철학은 은퇴를 앞둔 이들에게 충만한 인생 2막을 펼쳐 갈 수 있는 지침으로도 활용되고 있다. 신변과 관련된 물건 중 무엇을 버리고 남길까 선택하는 과정에서 현재 자신의 삶을 되돌아볼 수 있기 때문이다.

그럼 단사리는 어떻게 실천해야 할까. 가장 먼저 버리고 이별할 것의 명확한 기준을 정하는 것이 중요하다. 대상이 되는 물건을 지금 내가 사용하고 있는지 스스로 묻는 과정이다. 사용 가능한 것과 지금 사용하는 것에는 질적인 차이가 있다. 예를 들어 지인에게 선물 받은 전자기기나 필기도구 중에서 언젠가 사용할 수는 있겠지만, 지금 당장 사용하지 않는 것이 있다면 그 물건은 사실 꼭 필요한 것은 아니다.

즉 일상에서 사용하고 있지 않은 물건이 단사리의 대상이 된다. 물론 추억이 담겨 있는 물건은 예외다. '내일 당장 해외로 이민을 간다면 꼭 가져가야 할 것은 무엇인가'라는 질문을 던져 보는 것도 단사리의 좋은 방법이다. 야마시타는 "단사리는 이 물건이 바로 지금 자기에게 꼭 필요한지 자문자답하는 과정을 통해 자신을 한 번 더 되돌아볼 수 있는 작업"이라고 말한다.

'7:5:1 정리 법칙'이라는 실천법도 있다. 이는 공간을 점하는 물건의 비율을 미리 규정해 놓는 것인데, 예를 들어 옷장이나 서랍장처럼 '안이 보이지 않는' 수납장은 70%의 공간만을 사용하고 나머지 30%는 여유 공간으로 남겨 둔다. '안이 들여다보이는' 수납장은 전체의 50%, '안을 보여 주는' 장식장 등은 전체의 10%만 채우는 식이다. 여기서 제시하는 수치 자체에는 큰 의미가 없다. 수납할 물건의 양에 제한을 두면 비치할 물건들이 정말 나에게 필요한 것인지 묻게 된다는 얘기다.

이런저런 방법을 써도 도무지 버릴 수가 없다면 재활용품 전문점이나 중고물품 기부를 이용하는 것도 방법이다. 일본의 유통 할인 매장이나 일부 백화점 등에서는 고객의 의류, 조리 도구, 침구 등을 매입해 주는 서비스를 하고 있다. 대형 유통업체인 이토요카도는 하루 3000엔 이상 물품을 구입한 고객에 한해서 해당 고객이 처분하고 싶은 중고 물건을 1점당 500엔에 사 준다.

단사리를 실천하는 데 조바심은 절대 금물이다. 이를 행동으로 옮길 때 주의해야 할 점을 몇 가지 꼽자면 다음과 같다.

- 한 번에 정리를 다 끝내려고 하지 마라.
- 처음부터 완벽을 기대해서는 안 된다.

- 가족의 공용 물건에는 손대지 않는다.
- 정리를 위해 새로운 수납 용품을 구입하지 않는다.

야마시타는 자신의 책에서 '물건에 얽매이는 사람 유형'을 다음의 3가지로 분류했다.

- 늘 바쁘다는 핑계로 정리하지 못하는 현실 도피형
- 추억에 얽매여 과감히 버리지 못하는 과거 집착형
- 모든 것을 보관하고 있어야 직성이 풀리는 미래 불안형

그는 "불필요한 물건에 연연하면서 정리 정돈을 실천하지 못하는 이유는 결국 자신에 대한 불신 때문"이라고 꼬집는다. 단사리는 한마디로 과거에 대한 집착과 미래에 대한 불안에서 해방돼 마음의 평온을 찾자는 삶의 철학이다. 인생의 전환점에 서 있는 은퇴 예비군은 물론, 물욕에 치어 지칠 대로 지친 물질 만능 시대를 사는 우리 현대인들이 한 번쯤 실행해 볼 만한 운동이 아닐까.

마흔,
인생 재설계를 시작할 최적기

은퇴 준비를 시작해야 하는 '적기'가 있다면 그것은 언제일까. 물론 빠를수록 좋겠지만 은퇴 전문가들은 40세를 이상적인 은퇴 준비 나이로 꼽는다. 물론 이른 감이 없지는 않다. 최소한 마흔부터는 마음가짐을 '은퇴 모드'로 전환해야 한다는 얘기일 것이다.

일반적으로 40대 정도가 되면 회사 조직 내에서의 위상과 '미래의 그림'이 대충 그려진다. 바꿔 말하면 이때부터는 자신의 처지를 냉정하게 고려한 인생의 재설계가 필요하다는 것이다. 이직을 하거나 해외 이주와 같은 인생 최대의 '결단'을 내리더라도 아직 체력과 능력이 받쳐 줄 때 하는 게 현명하다. 그래서 은퇴 준비 적기를 마흔으로 드는 것이다.

그렇다면 이와 관련해 은퇴 전문가들은 어떤 조언을 했을까. 경제지 《주간 다이아몬드》가 전문가들의 조언을 정리해 '마흔부터 준비하는 은퇴 후 인생 설계법'을 제시한 바 있다. 이 설계법은 크게 3가지로 나뉜다.

- 우선 자신의 현실을 냉철히 점검하라.
- 현실에 맞는 구체적인 은퇴 계획을 수립하라.
- 은퇴 이후 생활에 대한 분명한 철학과 가치관을 가져라.

이와 함께 단계별 10개 항목의 체크리스트도 있다. 항목을 하나하나 체크하면서 은퇴에 대한 자신의 의식 수준이 어느 정도인지 한번 진단해 보는 것은 어떨까.

가장 먼저 자신이 처한 상황을 철저히 점검해 보자. 다음 10가지 질문에 대해 'Yes'인지 'No'인지 체크하라.

1. 정년퇴직 연월이 언제인지 알고 있는가.	Yes | No
2. 퇴직 이후 생활에 대해 가족과 상담한 적이 있는가.	Yes | No
3. 은퇴 후 삶의 가장 중요한 테마가 무엇인지 생각하고 있는가.	Yes | No

4. 재취업에 대해 구체적으로 검토해 본 적이 있는가.　　　　　Yes | No

5. 건강, 경제, 여가, 사회 참여 등에 대해 생각해 본 적이 있는가.　　Yes | No

6. 은퇴 후 느낄 수 있는 삶의 보람에 대해 생각해 본 적이 있는가.　Yes | No

7. 은퇴와 관련해 제3자의 의견을 들어 본 적이 있는가.　　　　　Yes | No

8. 은퇴와 관련한 회사의 설명회에 참가해 본 적이 있는가.　　　　Yes | No

9. 은퇴 후 진로의 기회는 얼마나 있는지 검토해 본 적이 있는가.　Yes | No

10. '나는 이런 것이 하고 싶다'고 생각하는 특정 분야가 있는가.　Yes | No

자가 진단 결과는?

위 물음에 Yes가 7개 이상이어야 합격점이다. 5개 이하는 수준 미
달이다. 특히 50세 이상이면서 Yes가 5개 이하라면 자신이 지금
처해 있는 상황을 좀 더 냉정하게 바라볼 필요가 있다.

당장 합격점이 아니라고 해서 불안해할 건 없다. 은퇴 전문가들
은 "인생에서 정년퇴직은 하나의 전환기에 불과하다. 미리미리 준
비해 두면 절대 불안한 것이 아니다"라고 입을 모은다.

은퇴 생활 계획 편도 한번 들여다보자. 똑같이 10개 항목에
'Yes'인지 'No'인지 체크해 보라.

1. 인생의 목표에 대해 생각해 본 적이 있는가.   **Yes | No**

2. 목표 달성을 위해 구체적인 계획을 세워 본 적이 있는가.   **Yes | No**

3. 직장을 다니면서 자기계발을 실천한 사례가 있는가.   **Yes | No**

4. 온라인 교육 등 구체적인 자기계발 체험을 했는가.   **Yes | No**

5. 전문 분야에 대해 직장에서 발표해 본 적이 있는가.   **Yes | No**

6. 전문 분야에 관한 정기 구독물이 있는가.   **Yes | No**

7. 계획을 성실하게 실천한 경험을 갖고 있는가.   **Yes | No**

8. 계획이 분명하면 불안감이 줄어드는 경험을 한 적이 있는가.   **Yes | No**

9. 자기 혁신을 꾸준히 추진해 나갈 자신이 있는가.   **Yes | No**

10. 목표를 실천하는 데 가족의 이해를 얻을 수 있는가.   **Yes | No**

자가 진단 결과는?

이번 체크리스트의 합격점은 Yes가 6개 이상이다. 퇴직 후 어떤 삶의 진로를 택하든 그에 대한 구체적인 계획이 필요하다. 먼저 자기에게 맞는 인생 목표를 설정하고, 목표 달성을 위한 조건들을 확인한 뒤 이에 맞추어 준비와 실천을 꾸준히 하는 것이 '성공 은퇴'의 관건이다.

마지막으로 은퇴 후 삶의 가치관을 정립하는 것이 중요하다. 다음은 은퇴 후 삶의 가치관에 관한 자가 진단법이다.

1. 은퇴 후 삶의 보람이나 인생 목표에 대해 생각해 본 적이 있는가. Yes | No

2. 은퇴 후 얻게 될 자유 시간에 대해 생각해 본 적이 있는가. Yes | No

3. 어떤 라이프 스타일을 선택할 것인지 생각해 본 적이 있는가. Yes | No

4. 인생 2막은 '지역 사회 참여'라는 말에 동의하는가. Yes | No

5. 구체적인 가계 재정에 근거한 은퇴 생활을 설계하고 있는가. Yes | No

6. 나이에 걸맞은 심신의 건강에 자신이 있는가. Yes | No

7. 은퇴 후 나의 개성을 살리는 인생 프로그램이 있는가. Yes | No

8. 은퇴 후에는 삶의 가치관이 바뀔 거라고 생각하는가. Yes | No

9. 은퇴 후 새로운 인생에 도전해 보고 싶은가. Yes | No

10. 즐거움과 보람을 느끼는 평생의 일(직업)이 있는가. Yes | No

자가 진단 결과는?

이번 체크리스트의 합격선은 나이대별로 다르다. 40대 이상은 Yes
가 5개 이상, 50대 후반은 8개 이상이 요구된다.

은퇴 후 살게 될 인생에서 어떤 거창한 가치까지 추구할 필요는
없다. 삶의 보람을 가져다주는 대상은 항상 생활 주변에 있는 법이

다. "자신에게 맞는 취미, 스포츠, 사회 활동 등을 찾아 지금부터라도 천천히 준비하면 결코 늦지 않다"라고 은퇴 선배들은 애정 어린 조언을 건넨다.

돈, 일, 사회생활, 집은
어떻게 준비해야 할까

2018년 우리나라의 평균 기대 수명이 남성 79.7세, 여성 85.7세를 기록했다. 그렇다면 한국보다 먼저 초고령화 사회로 진입한 일본은 어떨까. 같은 해 기준 남성 81.09세, 여성 87.26세로 2065년에는 남성 84.95세, 여성은 91.35세까지 늘어날 것이라고 한다. 바야흐로 '100세 시대'가 열리는 것이다.

이처럼 초고령화 사회에 사는 일본인들, 실제로 그들은 노후를 어떻게 받아들이고 있을까. 또 자신의 준비 현황에 대해 어떻게 생각하고 있을까. 이와 관련해 흥미로운 조사 결과가 있다.

일본은 해마다 내각부(우리의 국무총리실에 해당)에서 한 해의 고

령화에 관한 여러 상황과 정부의 대책 실시 현황을 담은 보고서인
《고령사회백서》를 발표하는데, 2014년 《고령사회백서》에 눈에 띄
는 자료가 하나 있다. '은퇴 후 노후 준비에 관한 의식 조사'가 그것
이다. 2013년에 실시된 이 설문의 조사 대상은 전국에 사는 35세
에서 65세까지의 남녀 6000명이었다. 설문 항목은 크게 5가지로
'돈과 자산' '일과 취업' '사회 참여' '건강' '거주와 주택'에 관한 것
이다.

먼저 경제적 준비에 대한 일본 은퇴자들의 생각을 들여다보자.
준비가 철저하다는 일본인들조차도 노후를 위해 '경제적으로 충
분한 준비가 되어 있다'고 답한 사람은 1.6%밖에 되지 않았고 '최
소한의 준비는 되어 있다'고 답한 사람도 21.7%에 그쳤다. 나머지
70%는 '경제적으로 준비가 부족하다'고 말했다. 10명 중 7명은 노
후에 닥칠 돈 걱정을 하고 있다는 얘기다. 그중에는 준비가 '많이
부족하다'고 응답한 사람도 50.4%나 됐다.

주목할 점은 나이가 젊을수록 '경제적으로 준비가 부족하다'
는 대답이 많았다는 것인데, '많이 부족하다'고 응답한 연령층 비
율을 보면 60~64세가 35.5%인데 반해 35~39세는 2배에 가까운
60.7%나 됐다. 당시 일본이 겪고 있던 경기 불황, 청년 실업 등으
로 젊은 층이 미래에 대해 막연한 불안감을 안고 있었다는 점은 한
국의 현재 상황과 크게 다르지 않은 듯하다.

그럼 노후의 주 수입원인 연금에 대한 일본인들의 생각은 어떨까. 자신이 받을 연금이 어느 정도 될 것으로 예상하느냐는 질문에 '10만 엔(약 100만 원) 정도'라고 답한 이들이 19.8%로 가장 많았고, '15만 엔 정도'가 19.1%, '20만 엔 정도'가 16.2%로 다음을 이었다. 연금을 수령하지 못할 것이라는 응답도 7%나 됐다.

구체적으로 일본인들은 노후 자금으로 1000만~3000만 엔(1억 ~3억 원) 정도는 저축해 둬야 한다고 생각하는 것으로 조사됐다. 또 노후 생계를 공적 연금에만 의지할 것이라는 응답이 80%에 달해 눈길을 끌었다. '노후 생계를 위한 수입원'에 대한 질문(복수 응답)에는 '공적 연금'이라고 답한 사람이 82.8%로 가장 많았고, 다음으로 '저축 또는 퇴직금'이 46.2%를 차지했다. '자신과 배우자의 급여 수입'이라고 답한 사람들은 45.6%였는데, 이들 중에는 자영업과 같은 평생 현역 비율도 꽤 있는 것으로 풀이된다.

다음은 일과 관련한 조사 결과다. 일본 사람들은 일하는 것을 좋아하는 걸까? 응답자의 절반 이상이 65세가 넘어서도 계속 일하고 싶다고 답했다. '나이와 상관없이 몸이 허락하는 한 계속 일하겠다'고 답한 이들이 25.7%나 됐고, 60세까지만 일하겠다는 응답은 11%에 머물렀다.

계속 일하고 싶은 가장 큰 이유를 물어보니 역시 '생활비를 벌기 위해서(복수 응답)'가 76.7%로 가장 많았다. 그다음으로 많은 응답

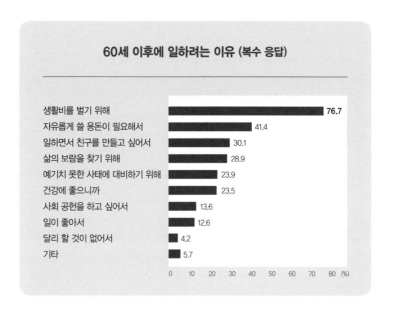

60세 이후에 일하려는 이유 (복수 응답)

항목	값
생활비를 벌기 위해	76.7
자유롭게 쓸 용돈이 필요해서	41.4
일하면서 친구를 만들고 싶어서	30.1
삶의 보람을 찾기 위해	28.9
예기치 못한 사태에 대비하기 위해	23.9
건강에 좋으니까	23.5
사회 공헌을 하고 싶어서	13.6
일이 좋아서	12.6
달리 할 것이 없어서	4.2
기타	5.7

이 41.4%로 '자유롭게 쓸 수 있는 용돈이 필요해서'였다. '일하면서 친구를 만들고 싶어서' '삶의 보람을 찾고 싶어서'와 같은 목적이 생계 유지 목적에 크게 밀린 것에서 많은 사람이 노후 생계 문제로부터 자유롭지 못하다는 쓸쓸한 현실이 들여다보인다.

60세 이후 취업 형태에 대한 조사에서는 '파트타임'을 가장 많이 선호했고, 노후에도 계속해서 일하려면 '건강 및 체력'은 물론 '타인에 대한 유연성'을 기를 필요가 있다고 생각하는 사람이 많았다.

은퇴 후 사회 참여에 대한 일본인들의 생각은 어떨까. 은퇴 후 하고 싶은 사회 참여 활동으로 '동호회 활동, 친구들과의 취미 생활(43.6%)'을 가장 많이 꼽았다. 다음은 '스포츠 및 레크리에이션 활동(35%)' '학습(32.4%)' '지역 행사 봉사 지원(30.1%)' 순이었다.

노후의 활발한 사회 참여 활동을 위해 준비해야 할 것은 무엇이냐는 질문에는 뜻이 맞는 '친구나 동료'를 미리 만들어야 한다는 응답이 가장 많았다. 친구뿐 아니라 '자신이 사는 지역 사람들과 친분을 쌓아야 한다' '은퇴 전부터 지역 행사에 적극적으로 참여하는 노력이 필요하다'는 응답도 상당수 있었다.

마지막으로 건강과 노후의 주거 형태에 대한 일본인들의 의식은 어떠할까. 노후 생활에 있어 사람들이 가장 중요하게 여기는 것, 동시에 가장 두려워하는 것은 바로 건강이다. 역시 70% 이상의 일본인들이 건강에 대해 강한 불안감을 느끼는 것으로 나타났다.

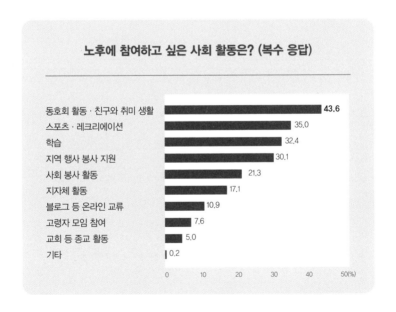

노후에 참여하고 싶은 사회 활동은? (복수 응답)

활동	(%)
동호회 활동 · 친구와 취미 생활	43.6
스포츠 · 레크리에이션	35.0
학습	32.4
지역 행사 봉사 지원	30.1
사회 봉사 활동	21.3
지자체 활동	17.1
블로그 등 온라인 교류	10.9
고령자 모임 참여	7.6
교회 등 종교 활동	5.0
기타	0.2

노후에도 건강한 몸을 유지하기 위해 일본인들이 어떤 노력을 기울이고 있는지 살펴보면 국적을 불문하고 건강에 관한 사람들의 생각은 비슷비슷한 것 같다. 한국처럼 일본인들도 건강의 최고 비결로 77.1%가 '걷기와 운동(복수 응답)'을 꼽았다. 다음으로 '규칙적인 생활(72.6%)' '충분한 휴식과 수면(71.0%)' '균형 잡힌 영양식(69.4%)'도 중요한 건강 비결이라고 답했다.

은퇴 후 노년에 살고 싶은 주거 형태는 '단독 주택'이 압도적으로 많았다. 응답자 10명 중 6명이 노후에는 단독 주택에서 살고 싶다고 답했다. 이에 비해 아파트 등 집단 주택을 원하는 사람은 13.0%에 그쳤다. 또 상당한 거주 비용을 부담해야 하는 고령자 전문 주택에 대한 선호도는 9.2%로 생각보다 크게 낮았다.

시니어 인사이트1

당신의 은퇴력 점수는 얼마인가

여전히 은퇴 후의 삶이 막막하고 불안하다면, 은퇴력力 테스트를 해 보자. 다음의 문항들은 은퇴 전문가 가와카미 다에코河上多惠子가 제시한 것으로 사회적 관계, 경제, 건강, 부부 및 가족관계, 인생의 마무리까지 5개 항목에 각 5문제씩 총 25문제가 제시되어 있다. 은퇴에 대한 자신의 마음가짐이나 준비 상황을 객관적인 수치로 측정할 수 있다면 불안이 조금 줄어들지 않을까? 나의 '은퇴력'은 어느 정도인지 스스로 점검해 볼 시간이다.

1. 사회적 관계

첫 번째 항목은 주로 은퇴 후 일상생활에 대한 질문들이다. 퇴직 후 가장 먼저 맞닥뜨리게 되는 일상의 난감한 문제가 바로 남아도는 시간이다. 그 점과 관련해 전문가들은 성공적인 은퇴 생활에 있어 '재테크' 못지않게 매우 중요한 것이 '시時테크'라고 강조한다. 또 시테크를 잘하기 위해서는 적극적으로 사회에 참여하려는 자세를 가져야 한다고 말한다.

1. 정년퇴직 후 무엇을 하며 지낼지 계획을 갖고 있는가? (   )

(1) 그때가 되어 봐야 실감이 날 것 같다.

(2) 그때 기분에 맞춰 자유롭게 지내면 된다.

(3) 지금까지 하지 못했던 좋아하는 것을 할 예정이다.

2. 사회 공헌에 대해 어떻게 생각하는가? (   )

(1) 시간이 있으면 할 수 있다고 생각한다.

(2) 막연한 이미지만 있다.

(3) 어떤 방법이 있는지 구체적으로 알아보는 중이다.

3. 지자체가 실시하는 '은퇴 강좌'에 대해 어떻게 생각하는가? (   )

(1) 지역 사회에서 인간관계를 넓히는 기회라고 생각한다.

(2) 별로 참가하고 싶지 않다.

(3) 별생각 없지만, 참가할 예정이다.

4. 퇴직 후 지역 사회 활동에 대해 어떻게 생각하는가? (   )

(1) 지역 사회 활동에 참여하고 싶은 생각이 없다.

(2) 처음이어서 솔직히 자신이 없다.

(3) 현역 시절의 실력을 살리면 지금 활동하는 사람들보다 훨씬 더 잘할 수 있다.

5. 아내가 '시간이 있으면 자원봉사라도 하지 그래요'라는 말을 한다면? (   )

(1) 어떤 봉사들이 있는지 물어본다.

(2) 별로 하고 싶지 않다고 잘라 말한다.

(3) 한번 생각해 보겠다고 한다.

4번 문항의 경우 보기 (3)번은 함정이다. 현역 시절 실력을 인정받았다고 해도 그것은 회사 조직에 한정된 이야기다. 지역 사회에서 이제 막 정년퇴직한 사람은 한낱 '신참'에 불과하다. 화려한 현역 시절 이야기를 떠벌리며 자만하는 타입은 오히려 지역 사회에 적응하는 데 어려움을 겪는다. 전직 대기업 임원, 교수, 교사, 기자 등은 특히 주의해야 한다. 이 분야만큼은 자신감 넘치는 사람보다 오히려 자신 없어 하는 사람 쪽이 전망이 밝다는 게 전문가들의 충고다.

* 정답은 **1** (3), **2** (3), **3** (1), **4** (2), **5** (1).

2. 경제력

고령자의 구직이 어려운 사정은 세계 어느 나라든 마찬가지다. 다니던 회사가 탄탄한 곳이라고 해도 재고용되는 것은 그 사람이 어느 정도 '쓸모'가 있는 경우에 한한다. 고령자 비고령자를 불문하고 재취업 시장에서 가장 빛을 발하는 것은 다름 아닌 자격증이다. 그 사람의 실력을 보여 주는 증거로 이것만큼 확실한 것이 없기 때문이다. 모든 자격증이 다 돈이 된다고 할 수는 없지만 그중에서도 일본 전문가들이 추천하는 것은 복지 분야의 준(准)간호사와 개호복지사(우리의 요양 보호사에 해당),

부동산 분야에서는 맨션 관리사(우리의 주택 관리사와 비슷), 행정사 등
이다.

6. 은퇴 후 할 일과 관련해 어떤 준비를 하고 있는가? (   )

(1) 그때가 되면 찾아보겠다.

(2) 할 일과 관련된 자격증을 갖고 있거나 취득하려고 한다.

(3) 재취직이 된다면 어디든 상관없다.

7. 은퇴 후에는 어떤 일에 종사할지 계획이 있는가? (   )

(1) 창업을 염두에 두고 자료 수집을 하고 있다.

(2) 구체적이지 않고 막연하게 생각한다.

(3) 재취업할지 창업을 할지 고민 중이다.

8. 직장 후배에게 전수할 조언이나 기술이 있는가? (   )

(1) 별로 도움을 줄 수 없을 것 같다.

(2) 꼭 전달해 주고 싶은 것들이 있다.

(3) 어떤 것이 도움이 되는 것인지 잘 모르겠다.

9. '연금에만 의지하며 사는 것이 불안하다'고 아내가 말한다면? (   )

(1) 지금부터라도 낭비 없는 생활 습관을 들이겠다.

(2) 어떻게든 될 것이다.

(3) 투자 등을 하여 퇴직금을 잘 굴려 보겠다.

10. 가계 자산과 부채를 분명히 파악하고 있는가? (   )

(1) 잘 파악하고 있다.

(2) 잘 모르겠다.

(3) 대략 알고 있다.

* 정답은 **6** (2), **7** (1), **8** (2), **9** (1), **10** (1).

3. 건강

건강의 최대 적은 역시 비만이다. 살이 과하게 찌지 않도록 늘 유의하는 것이 좋다. 일반적으로 꼽는 최고의 장수 비결은 적당한 운동과 균형 잡힌 식사다. 또 정기적인 건강검진의 중요성은 아무리 강조해도 지나치지 않다.

11. 스스로 살이 쪘다고 느끼는가? (   )

(1) 잘 모르겠지만 정말 비만인지 체크해 보고 싶다.

(2) 전혀 그렇게 생각하지 않는다.

(3) 그럴지도 모른다.

12. 정기적으로 건강검진을 받고 있는가? (   )

(1) 거의 하지 않는다고 해야 하는 수준이다.

(2) 가끔 받는다.

(3) 1년에 한 번씩은 받는다.

13. 부모 간병이나 수발 문제는 어떻게 할 생각인가? (　　)

(1) 형수나 아내 등 누군가가 해 줄 것이다.

(2) 내가 책임지고 하려고 한다.

(3) 도와줄 생각은 있다.

14. 운동은 하고 있는가? (　　)

(1) 해야겠다고 생각은 하지만….

(2) 엘리베이터 타지 않기 등 가능한 것을 하려고 한다.

(3) 주 1회 이상 시간을 내서 한다.

15. '균형 잡힌 식사'를 위해 노력하고 있는가? (　　)

(1) 기름기 있는 음식이나 염분은 가급적 자제하고 야채를 많이 먹으려고 한다.

(2) 좋아하는 음식을 억제하는 것은 오히려 좋지 않다.

(3) 몸이 요구하는 음식을 먹으면 된다.

* 정답은 **11** (1), **12** (3), **13** (2), **14** (2), **15** (1).

4. 부부 및 가족관계

아내의 도움 없이도 은퇴 후에 혼자서 생활이 가능하도록 미리 준비해 둘 필요가 있다. 은퇴 후 삶에서 가장 중요한 것은 어쩌면 아내와의 관계일 것이다. 아내와 얼굴을 마주하는 시간이 늘어나는 만큼 이전보다 더 신경을 써야 한다. 모든 것을 아내에게만 의지한다면 부부 관계가 나빠질 수 있다. 퇴직 후 집에 있는 시간이 늘어나는 만큼 세탁이나 청소, 간단한 요리는 혼자 해결할 수 있도록 노력하는 자세가 중요하다.

16. 정년퇴직을 계기로 아내가 이혼 이야기를 꺼낼 가능성은 있는가? (   )

(1) 우리 집에 한해서 절대 그런 일은 일어나지 않는다.

(2) 아마 그런 일은 없을 것이다.

(3) 어쩌면 그럴 수 있을지도 모르겠다.

17. 자기 옷이 어디에 있는지 잘 알고 있는가? (   )

(1) 속옷은 물론 양복 보관 위치까지 파악하고 있다.

(2) 속옷 놓아두는 곳조차 잘 모른다.

(3) 평소에 잘 입는 옷의 위치 정도는 알고 있다.

18. 아내와 여행을 함께 가려고 할 때 가장 먼저 취할 행동은 무엇인가? (   )

(1) 어디가 좋을지 스스로 조사한다.

(2) 아내의 스케줄을 체크한다.

(3) 아내가 가고 싶은 곳을 확인한다.

19. 아내가 외출할 때 당신이 하는 말은? (   )

(1) 내 점심은 어떡해?

(2) 잘 다녀와.

(3) 몇 시에 돌아오나?

20. 자녀들이 취업하기 전에 사회 선배로서 조언한 적이 있는가? (   )

(1) 자녀들과는 얼굴 마주칠 기회도 변변히 없었다.

(2) 언젠가는 해야 한다고 생각하고 있다.

(3) 직장에서 겪은 경험을 이야기한 적이 있다.

* 정답은 **16** (3), **17** (3), **18** (3), **19** (2), **20** (3).

5. 인생의 마무리

인생의 마무리를 잘하는 것도 성공 노후의 중요한 포인트다. 자신의 죽음을 준비하고 그에 관한 절차까지 밟아 두는 것이 어딘가 꺼림직하다는 마음도 이해가 가지 않는 것은 아니다. 하지만 이것은 '웰다잉well-Dying'을 위한 첫걸음이다. 마지막을 보낼 장소나 자녀 상속 문제에 관한 것 등 세세한 사항들을 구체적으로 살펴보고, 미리 결정해서 정리해 두는 것이 좋다. 그리고 가능하다면 장례식을 리허설해 보는 것도 나쁘지 않다. 앞으로 남은 삶에 많은 메시지를 던져 줄 것이다.

21. 집안 묘지를 미래에 누가 관리할지 생각해 본 적이 있는가? (   )

(1) 생각해 보지 않았다.

(2) 장손이 하는 거라고 생각한다.

(3) 그럴 상황이 되면 친척들과 만나 상의하겠다.

22. 본인의 장례식에 대해 생각해 본 적이 있는가? (   )

(1) 있다.

(2) 전혀 생각해 본 적이 없다.

(3) '벌써?'라는 느낌도 있지만 이제 슬슬 생각해 볼 때가 됐다.

23. 귀향해 노후 생활을 하려고 할 때 확인해 봐야 할 것은 무엇인가? (   )

(1) 아내의 생각을 확인한다.

(2) 고향 집의 상태를 점검한다.

(3) 고향에 거주하는 형제자매나 친척의 상황을 알아본다.

24. 상속 문제가 걱정되는가? (   )

(1) 신경을 쓰고 있다.

(2) 여러 방법을 조사해 보고 있다.

(3) 생각해 본 적이 없다.

25. 은퇴 후 집 안에 나만의 거처를 만들려고 할 때 우선적으로 할 일은 무엇인가? (   )

(1) 집 안 어디든 그곳이 나의 거처다.

(2) 일과 취미와 관련된 물건들을 분류한다.

(3) 자녀들의 방을 정리한다.

* 정답은 **21** (3), **22** (1), **23** (1), **24** (2), **25** (3).

은퇴력 판정

20점 이상은 최우수

현재 계획대로 착실히 실천에 옮기는 것이 중요하다. 준비에 과함이란 없다. 부부간에 많은 대화를 나누면서 더 적극적으로 노후에 관한 플랜을 실천해 나가도록 하자.

14~19점은 우수

성공적인 노후 생활을 할 가능성이 충분하다. 하지만 은퇴 후 삶을 머리로만 생각하다 막상 그것을 실천에 옮기려고 할 때 생각과 현실 사이에 상당한 차이가 있을지 모른다. 각 질문에서 자신이 부족하다고 느끼는 부분을 찾아 구체적인 대안을 마련하도록 하자.

8~13점은 보통

현재 생활에 충실하다고 해서 행복한 노후가 보장되는 것은 아니다. 지금까지의 인생을 한번 되돌아보고 인생 2막을 어떻게 살 것인지 진지하게 고민해 볼 필요가 있다. 마음먹고 지금부터 열심히 준비한다면 아직 시간은 충분하다.

7점 이하는 미흡

지금의 상태 그대로 은퇴를 한다면 불행한 노후를 맞을 가능성이 높다. 지금 당장 내 인생을 뜯어고치겠다는 각오로 노후에 대해 진지하게 고심해 보길 바란다. 아직 건강이 뒷받침해 주는 지금이 바로 실천에 나설 때다.

2부 일

100세 시대,
'평생 현역'으로 산다

외면당하는 시니어에서
유용한 시니어로

모든 인간에게 평등하게 주어지는 하루 24시간을 쪼개어 보면, 우리에게 꼭 필요한 만큼 먹고 자는 시간에다 휴식 취하는 시간을 빼고도 11시간이 남는다고 한다. 이런 계산이라면 60세에 퇴직해서 평균 수명 80세까지 산다고 가정했을 때 발생하는 여유 시간은 무려 8만 시간에 달한다. 이는 은퇴 후 우리가 살아 내야 할 시간이 얼마큼인지를 일깨워 주는 강렬한 메시지가 아닐 수 없다.

그런데 이제 인생 100세 시대가 눈앞에 열렸다. 100세까지 산다고 가정했을 때 은퇴 후 자유 시간은 10만 시간이 훌쩍 넘는다. 여기저기 여행하고 시골에서 텃밭을 가꾸며 유유자적하고 살기에는 길어도 너무 긴 시간이다. 은퇴 후 삶을 구체적으로 준비하지 않는다면 결국 '노후 난민'으로 여생을 표류해야 할지도 모른다.

그래서인지 요즘 몸이 버티는 한 끝까지 일하려는 '평생 현역'을 바라는 고령자들이 늘어나고 있다. 그 방편으로 많은 이가 개인 창업을 선호하지만 위험성이 매우 크다는 문제가 있다. 그나마 가장 현실적인 대안은 다시 직장에 취업하는 것이다.

하지만 재취업 또한 그리 녹록지 않다. 우선 연령 핸디캡의 문제는 당연히 짊어져야 한다. 거기다 과거 직장 생활 때의 화려했던 경험이나 기억이 장해물로 작용하는 경우도 있다.

이에 대해 《주간 다이아몬드》가 소개한 '재취업 가능성 체크리스트'는 많은 시사점을 던져 준다. 이 리스트 중 가장 눈에 띄는 것은 재취업이 어려운 위험군으로 대기업 임원이 꼽힌다는 점이다. 이는 현역 시절의 능력과 탄탄한 사회적 네트워크 같은 '눈부신 과거'가 재취업에는 오히려 걸림돌이 될 수 있다는 이야기다.

재취업을 하게 되면 일반적으로 연봉이 줄어들거나 사회적 위상이 낮아지는데, 대기업 임원 등을 지낸 사람들은 이 같은 현실을 감내하기 힘들어한다. '갑'이 아닌 '을'로서의 생활에서 심리적인 어려움을 겪기 때문이다.

비슷한 맥락에서 자존심이 세거나 완고한 성격을 가진, 다시 말해 '사회적 유연성'이 부족한 퇴직자들 또한 재취업 가능성이 낮은 쪽으로 분류된다. 재취업 시장에서는 나이 어린 상사에게 지도를 받아야 한다. 따라서 나와 다른 의견이나 생각과도 타협할 줄 알아야 한다. 그 밖에 외모 관리를 전혀 하지 않거나 컴맹, 폰맹 등 시대 흐름에 뒤처진 사람도 재취업 위험군에 속한다.

평생 현역 시대를 먼저 체험하고 있는 일본의 '재취업 가능성 체크리스트'는 그래서 한국 은퇴 예비군에게도 곧바로 적용할 만하다. 다음 문항들을 체크하면서 자신의 재취업 가능성을 냉정히 점검해 보길 바란다.

재취업 가능성 체크리스트

번호	항목	체크
1	대기업 임원 출신이다.	
2	자존심이 센 편이다.	
3	잘 타협하지 않는 성격이다.	
4	(현역 시절 대비) 연봉 감소를 원하지 않는다.	
5	사람들과 어울리는 것에 서툴다.	
6	다른 사람들을 보살피는 것이 귀찮다.	
7	컴퓨터를 잘 사용하지 못한다.	
8	완고한 사람이라는 말을 종종 듣는다.	
9	행동보다는 이론을 중시하는 스타일이다.	
10	생각한 것을 바로 얘기해 버린다.	
11	후배에게 지도를 받으면 화가 난다.	
12	과거에 했던 일이나 회사가 그립다.	
13	옷차림이나 헤어스타일에 무관심하다.	
14	실제 나이보다 늙어 보이는 편이다.	
15	휴일에는 집 안에 있는 경우가 많다.	

체크 항목 수

• 4개 이하: 좋은 재취업 기회를 얻을 가능성이 높다.

• 5~10개: 재취업하려면 많은 노력이 필요하다.

이와 관련해 시니어들의 재취업을 지원하는 일본의 인재 파견 기업 '마이스터 60'이 제시한 '외면당하는 시니어'와 '유용한 시니어'의 분류법도 흥미롭다. 마이스터 60은 60세 이상 등록 회원을 시설 관리나 경리 총무, 회사 고문 등 폭넓은 업종에 파견하고 있다.

여기서 제시하는 재취업에 '외면당하는 시니어' 중 가장 으뜸 유형은 '자존심이 강하고 겸손하지 못한 사람'이다. 재취업을 하면 이전보다 직급 등이 낮아지는데, 자존심을 너무 앞세우는 사람은

외면당하는 시니어

1. 자존심이 강하고 겸손하지 못한 사람

2. 과거 지위에 얽매이는 사람

3. 자기 역할, 직책에 이해가 부족한 사람

4. 기술과 지식이 진부한 사람

5. 건강이나 체력이 좋지 않은 사람

이 같은 현실을 받아들이기 힘들어하기 때문이다. 게다가 완고한 성격으로는 후배에게 지시를 받아야 하는 상황 등에서 유연하게 대처하기 어렵다.

이전에 몸담았던 직장과 현재 상황을 비교하려 들거나 과거의 지위나 인맥에 얽매이는 행태도 재취업 시장에서는 '레드카드'다. 이밖에 '역할이나 직무에 대한 이해가 부족한 사람' '기술과 지식이 과거에 머물러 있는 사람' '건강이 좋지 않은 사람'들은 외면당하는 시니어가 될 가능성이 높다.

반대로 재취업 시장에서 가장 경쟁력이 높은 유형은 전문성과 실무 능력이 뛰어난 사람이다. 풍부한 지식과 경험의 소유자도 시니어 채용 1순위에 해당한다. 이런 능력과 함께 밝은 성격, 넘치는

유용한 시니어

1. 전문성과 실무 능력이 뛰어난 사람
2. 풍부한 지식과 경험의 소유자
3. 밝고 활기 넘치는 사람, 유연성 있는 사람
4. (자신의 역할과 관련해) 눈치가 빠른 사람
5. 젊은 감각을 갖고 있는 사람

활기, 균형 감각, 사고의 유연성 등이 '유용한 시니어'의 덕목으로 조사됐다. 자신의 역할을 눈치 빠르게 알아채고, 젊은 경영자와도 대화가 가능한 것 또한 재취업의 주요 성공 포인트라고 마이스터 60은 강조한다.

젊고 활동적인 시니어가 되기 위한 10가지 자세

우리는 과연 성공적인 노후를 보낼 수 있을까? 시간을 그저 흘려보 내는 것이 아니라 노년의 새로운 삶을 즐기는 '성공 노후'를 바란 다면 구체적으로 어떤 능력을 갖춰야 할까? 또 활기찬 두 번째 인 생을 맞이하려면 어떤 마음가짐으로 준비해야 할까? 이와 관련해 경제 주간지《닛케이 비즈니스》가 정년퇴직을 앞둔 장년층 직장인 들에게 노후 생활에 관련된 '꽤 어려운' 질문을 던졌다. 노후 생활 에 대한 구체적인 계획은 세워 두었는지, 어떤 능력이 필요한지, 마 음의 준비는 되어 있는지 등이다.

기사에서는 이 같은 질문에 스스로 답해 볼 것을 권하면서 '프로덕티브 에이징Productive Aging 체크리스트'라는 자가 진단표를 제시했다. '프로덕티브 에이징'이란 은퇴 후에도 생산적이고 활동적인 생활을 하는 '젊고 활동적인 은퇴자'를 일컫는다.

체크리스트는 크게 2가지 분야로 나뉘어 있고 총 10개 문항이 있다. 먼저 1~5번 문항에서는 정년퇴직 이후의 일에 대한 목표와 마음가짐 여부를 점검한다. 구체적인 목표 설정이 잘되어 있는지, 이와 관련해 마음의 준비는 어느 정도 하고 있는지를 묻는 것이다. 6~10번 문항은 목표 실현을 위한 열정과 의지, 그리고 실천 방안의 구체성에 대한 진단이다.

문항마다 선택지는 2점에서 -2점까지 제시되는데 자신의 답변에 따라 강한 긍정에는 2점, 강한 부정에는 -2점, 그 사이는 각 1점, 0점, -1점을 부여하면 된다. 그럼 문항별로 체크하면서 자가 진단을 시작해 보자.

1번 문항은 '자신의 강점과 직장 경력을 활용해 정년 이후 할 일에 대한 분명한 목표를 갖고 있다'다. 명확한 목표를 갖고 있으면 2점, 보통이면 0점, 목표 설정이 전혀 안 돼 있으면 -2점이다. 이 문항은 노후에 하고 싶은 일에 대한 생각이 얼마나 구체적인지를 묻는 것인데, 새로운 생활을 순조롭게 시작하기 위해서는 무엇보다 분명한 목표의식이 요구된다는 것을 말해 준다.

다음은 '직함이 없어지거나 나이 어린 상사 밑에서도 일할 수 있

프로덕티브 에이징 체크리스트

시니어 세대에 합류하기 전에 어떤 것들을 준비해 둬야 할까. 50~60대에도 활기차게 일하기 위해서는 어떤 자세가 필요할까. 먼저 내가 서 있는 위치를 확인해 보자.

----

1. 자신의 강점과 직장 경력을 활용해 정년 이후 할 일에 대한 분명한 목표를 갖고 있다.

명확히 갖고 있다.   2 ········· 1 ········· 0 ········· −1 ········· −2   전혀 갖고 있지 않다.

2. 직함이 없어진다거나 나이 어린 상사 밑에서도 일할 수 있는 마음의 준비가 되어 있다.

충분히 되어 있다.   2 ········· 1 ········· 0 ········· −1 ········· −2   거의 되어 있지 않다.

3. 임금 피크제 등 정년에 즈음해 새로운 고용 조건하에서 급여가 조정되는 것을 받아들일 수 있다.

충분히 받아들일 수 있다.   2 ········· 1 ········· 0 ········· −1 ········· −2   거의 받아들일 수 없다.

4. 재고용 후에도 조직의 목표 달성을 위해 최선을 다하고, 그 외에 부하 직원의 교육과 기술 전수에도 전력을 다할 생각이다.

최대한 그럴 것이다.   2 ········· 1 ········· 0 ········· −1 ········· −2   그럴 생각이 안 든다.

5. 일과 가정의 양립을 위해 가정과 지역 사회에서 자신의 역할과 관련한 구체적인 목표를 갖고 있다.

명확히 갖고 있다.   2 ········· 1 ········· 0 ········· −1 ········· −2   전혀 갖고 있지 않다.

6. 현장에서 활용할 수 있는 전문 능력이나 지식, 인맥 등을 지속적으로 업그레이드하려고 노력하고 있다.

최대한 노력하고 있다.   2 ········· 1 ········· 0 ········· −1 ········· −2   거의 하지 않고 있다.

7. 정년퇴직을 끝이 아니라 새로운 방식의 일에 도전할 수 있는 디딤돌로 생각한다.

그렇게 될 것이다.   2 ········· 1 ········· 0 ········· −1 ········· −2   그렇게 되지 않을 것이다.

8. 향후 자신의 역할 변화에 대해 자각하고 있고, 새로운 일의 형태에도 충분히 대응할 수 있다고 생각한다.

그렇게 생각한다.   2 ········· 1 ········· 0 ········· −1 ········· −2   불안감이 높다.

9. 직장 내에서 일의 실적과 인간관계를 중요시하고, 동료들로부터 '없어서는 안 될 사람'
으로 존경받고 있다.

그렇게 생각한다. 2 ········· 1 ········· 0 ········· −1 ········· −2 불안감이 높다.

10. 신체 기능의 저하를 막기 위해서 운동을 규칙적으로 하는 등 구체적인 대비책을 강구
하고 있다.

최대한 노력하고 있다. 2 ········· 1 ········· 0 ········· −1 ········· −2 거의 하지 않고 있다.

는 마음의 준비가 되어 있다'는 문항으로, 진단하려는 것은 이른바
사회의 '계급장'이 떨어지더라도 의기소침하지 않고 자기 일에 대
한 의지를 불태울 수 있느냐의 여부다. 앞서 재취업에 가장 어려움
을 겪는 사람이 대기업 임원 출신이라는 얘기도 하지 않았는가. 이
에 대해 전문가들은 시간을 두고 '현역 프리미엄'을 줄여 나갈 것
을 권한다.

3~4번 문항 '임금 피크제 등 정년에 즈음해 새로운 고용 조건 아
래서 급여가 조정되는 것을 받아들일 수 있다' '재고용 후에도 조
직의 목표 달성을 위해 최선을 다하고, 그 외에 부하 직원의 교육
과 기술 전수에도 전력을 다할 생각이다'의 경우, 고용 조건이나
직위 같은 '조건'에 얽매이기보다 내가 할 수 있는 일이라는 '콘텐
츠'에 중심을 두고 상황 변화에 대처하는 것이 바람직하다는 메시

지를 던져 준다.

다음으로 6~10번 문항은 본인의 의지와 구체적인 준비 상황에 대한 진단이다. 각 문항들이 진단하고자 하는 내용을 정리해 보면 이렇다.

'향후 하고자 하는 일을 위해 자신의 역량을 높이려 지속적인 노력을 하고 있는지(6번)' '정년퇴직을 인생 2막의 시작이라는 마음으로 적극 받아들이는지(7번)' '퇴직 후 자신의 사회적 위치를 현실적으로 인식하고 긍정적으로 대응해 나갈 수 있는지(8번)' '현재 직장에서 능력을 인정받고 있는지, 인간관계는 괜찮은지(9번)' 등이다. 마지막으로 성공 노후를 위한 필수 항목인 '건강 유지에 얼마나 노력하고 있는지(10번)' 자문해 볼 것을 권했다.

진단 결과 항목별 점수는 몇 점인가? 채점 결과를 가지고 자신의 '현재 위치'를 알아보자.

다음 페이지의 표를 보고 1번에서 5번 점수의 합계는 '종축', 6번에서 10번 점수 합계는 '횡축'을 기준으로 해 자신의 점수를 좌표에 표시해 보자. 우리의 목표는 오른쪽 상단의 A란에 위치하는 것이다. 만점은 '10-10'이다. A란에 위치한 사람은 '자립 지향성이 매우 강한 사람'이라고 자부해도 된다.

반면 왼쪽 상단 B란은 '의식은 높지만 행동력이 부족한 부류'고, 오른쪽 하단 C란은 '열정은 있지만 구체적인 목표나 준비가 미흡

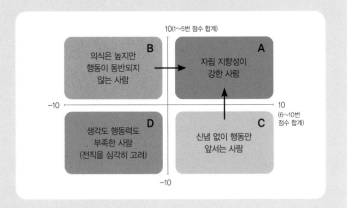

우리가 목표로 하는 성공 노후의 모습은?

10(1~5번 점수 합계)

B 의식은 높지만 행동이 동반되지 않는 사람

A 자립 지향성이 강한 사람

−10

10 (6~10번 점수 합계)

D 생각도 행동력도 부족한 사람 (전직을 심각히 고려)

C 신념 없이 행동만 앞서는 사람

−10

[종축 = No. 1~5]
정년퇴직 후의 일과 생활에 대해 분명한 목표와 마음의 준비를 하고 있는지를 판단.
[횡축 = No. 6~10]
목표 달성을 위해 어떠한 구체적인 계획을 갖고 있으며, 그 의지가 어느 정도인지를 진단.

목표로 하는 것은 '자립 지향성이 강한 사람'
의식과 행동력이 부족한 경우에는 스스로 부족하다고 생각되는 부분을 메우는 데 노력할
필요가 있다. D란에 위치한 사람들은 현재의 조직과는 맞지 않으니 전직을 검토하는 것이
좋다.

한 부류'에 속한다고 볼 수 있다. 자신이 어느 부류에 해당하며 내
가 속한 부류에게는 어떤 점이 부족한지 잘 생각해 보고, 그것을
메우려는 노력을 해야 한다. 그럼 왼쪽 하단인 D란은 어떨까. 전문
가들은 이 영역에 위치하는 사람의 경우 현재 속해 있는 조직과 성
향이 맞지 않으니 전직을 검토하는 것이 좋다고 조언한다.

돈 되는 자격증은
미리 따놓자

은퇴 후 뭘 하며 먹고 살아야 할까? 이제 60세 정년퇴직 후에도 생계를 위해 일을 해야 하는 시대가 됐다. 그야말로 '평생 현역' 시대지만 노후 생계를 지탱해 줄 일자리를 찾는 것은 쉽지 않다. 그래서 전문가들은 은퇴 후 생계 대책으로 '돈 되는 자격증'을 취득해 놓을 것을 당부한다.

이와 관련해 경제지 《주간 동양경제》가 '인생 2막을 성공으로 이끄는 자격증' 관련 기획 기사를 실었는데, 이웃 나라의 정년 세대들이 어떤 자격증으로 세컨드 라이프를 꿈꾸는지 참조해 볼 만하다.

노후 생계에 도움 되는 자격은
고령자 복지뿐

기사에서 눈길이 가는 대목은 '인생 2막을 성공으로 이끄는 자격증 지도'다. 이 '자격증 지도'는 50세 이후의 새로운 인생을 위해 필요한 자격증을 4가지로 구분하고 있는데, 그 기준은 '효용성'이다.

자격을 수직축과 수평축으로 나눠 4분면으로 구분해 생계에 도움이 되는 자격증은 위쪽에, 단순 취미나 자원봉사를 위한 자격증은 아래쪽에 놓았다. 또 재취업에 유효한 자격증일수록 오른쪽에, 개인 사업에 맞는 자격증은 왼쪽에 배치했다.

자격증 지도를 보면 안타깝게도 먹고사는 데 보탬이 되는 돈 되는 자격이 그리 많지 않음을 알 수 있다. 자격증은 주로 취미나 사회봉사 쪽에 몰려 있다. 또 개인 사업을 해도 안정적인 수입을 얻기가 쉽지 않다는 게 전문가들의 진단이다.

하지만 이런 난관 속에서도 빛을 발하는 '효자 자격증'이 있다. 바로 고령자 복지 관련 자격증이다. 대표적인 것이 사회복지사와 우리나라의 요양 보호사에 해당하는 개호복지사 자격증이다. 일본에서는 이 분야의 일손 부족 문제가 만성화되어 있어 50세를 넘긴 장년층에게도 문이 활짝 열려 있다. 근래 들어 남성 개호복지사나 사회복지사에 대한 수요가 더 많아지고 있다. 특히 130시간 해당

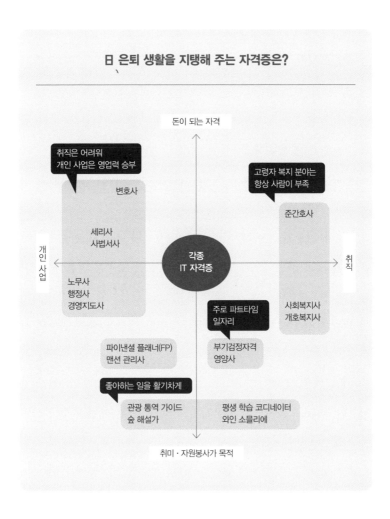

日 은퇴 생활을 지탱해 주는 자격증은?

돈이 되는 자격

취직은 어려워
개인 사업은 영업력 승부

변호사

고령자 복지 분야는
항상 사람이 부족

준간호사

세리사
사법서사

각종
IT 자격증

개인 사업

취직

노무사
행정사
경영지도사

사회복지사
개호복지사

주로 파트타임
일자리

파이낸셜 플래너(FP)
맨션 관리사

부기검정자격
영양사

좋아하는 일을 활기차게

관광 통역 가이드
숲 해설가

평생 학습 코디네이터
와인 소믈리에

취미·자원봉사가 목적

과목을 이수하기만 하면 되는 초임 개호 직원에게도 쉽게 일자리
가 주어진다고 한다.

수요 많고 보수도 높은
준간호사가 '최고'

다만 개호복지사의 경우 대우가 그리 좋은 것은 아니라는 단점이 있다. 일본 개호복지사의 연봉은 한화로 3000만 원 정도인데, 복지계의 '최고 관문'이라 할 수 있는 사회복지사 자격을 취득해도 연봉 4000만 원 수준이다.

그래서 전문가들은 매력적인 노후 생계형 자격으로 준간호사를 추천한다. 정규직으로 일하면서 안정적인 보수를 받을 수 있다는 것이 이 직업의 가장 큰 매력 포인트다. 준간호사는 교육기관에서 해당 과정을 이수한 후 각 행정구역별로 시험을 보기 때문에 자격 취득이 어렵지 않은 것으로 알려져 있다. 연봉은 첫해부터 한화 4000만 원 정도를 받을 수 있고, 경험이 쌓이면 6000만 원도 가능하다. 또 개호복지사와 마찬가지로 50대 '신입 사원'도 환영하며 남성 준간호사의 수요도 많다고 한다.

그럼 노무사, 행정사, 경영지도사(중소기업 컨설팅) 등 이른바 '사±자 자격'은 어떨까. 화이트칼라 직장인들이 도전해 볼 만한 국가 자격증이지만 이 자격증만으로 관련 기관에 취업하기는 쉽지 않다고 전문가들은 입을 모은다. 이유는 공급 과잉이다. 성패 여부는 결국 영업력이지만 박한 이윤 때문에 성공을 보장하기가 쉽지 않은 게 현실이다.

각종 IT 계열 자격증도 실무 경험이 많지 않으면 돈이 안 되고 재취업도 어려운 애매한 자격증이다. 녹록지 않은 은퇴 인력 시장에서 그나마 무난하게 통용되는 것이 20~30년간 현장에서 쌓은 전문 지식과 기술을 전제로 한 자격 정도라고 전문가들은 이야기한다.

인기 많은 재취업 직종에
들어가려면

초고령화 사회 진입으로 평생 현역 시대를 맞은 일본에서 은퇴 후 재취업은 선택이 아닌 필수가 된 지 오래다. 하지만 일본에서도 은퇴자의 재취업은 여전히 '좁은 문'이다. 심지어 어떤 은퇴 직장은 수십 대 1의 높은 경쟁률을 기록해 '신神의 직장'으로 불리기도 한다.

경제지 《주간 동양경제》가 은퇴자들에게 인기가 높은 '재취업 직종'은 무엇인지, 그런 직장이 요구하는 능력과 취업 방법은 무엇인지 자세히 소개했는데 우리와 상황이 꽤 비슷해 한번 살펴볼 만하다.

존경과 인정, 경험과 기술의 활용, 지역 공헌. 이것이 일본 은퇴 선배들이 말하는 재취업의 3대 키워드다. 이 기사에서는 은퇴 후 재취업에 성공해 평생 일해 온 경험과 기술을 살리고 지역 사회에 공헌도 하면서 보람찬 '인생 2막'을 열어 가는 은퇴자가 많아지고 있다는 설명과 함께 은퇴자들에게 인기 있는 '4대 재취업 직종'을 소개하고 있다.

우선 가장 인기 있는 직종으로 회사 고문이 뽑혔다. 고문직은 주로 중소기업 사장이나 임원들에게 아이디어를 제공하고 컨설팅하는 업무를 담당하는데, 일본 은퇴자들에게 '신의 직장'으로 불리며 최고 인기를 누리고 있다고 한다. 현역 시절의 경험과 기술을 살릴 수 있고, 주위로부터 '선생님'이라 불리며 존경과 인정을 받는 데다 시간적으로도 크게 구속을 받지 않기에 이상적인 재취업 직종으로 여겨진다.

업계의 대우도 좋다. 기업당 보통 월 20만 엔(약 200만 원)가량의

회사 고문

- 월수입: 20~50만 엔(약 200~500만 원)
- 요구 능력: 특정 업계의 전문 기술 및 인맥
- 채용 루트: 이전 직장의 연줄 또는 헤드헌팅 회사 추천

인기도 ★★★★☆ 난이도 ★★★★★

고문료를 받고, 복수의 기업에서 일할 경우 월 50만 엔(약 500만 원) 정도로 고소득을 올리는 것이 가능하다. 공장의 생산성과 연관 있는 '기술 고문직'의 경우 고액의 고문료를 받을 수 있다고 한다.

회사 고문을 하려면 특정 업계의 인맥이나 기술, 기능 보유가 필수 조건이다. 주로 이전 직장의 연줄이나 헤드헌팅 회사를 통해 소개되며, 인기가 높은 만큼 경쟁률도 만만치 않다. 꼭 이 분야에 한정하지 않더라도 현역 시절의 특수한 인맥이나 기술이 녹슬지 않도록 잘 유지해 경쟁력을 갖추는 것이 재취업 성공의 열쇠라고 전문가들은 말한다.

다음으로 인기 있는 은퇴 후 직장은 아파트 관리인이다. 크게 전문적인 기술을 요구하지 않는다는 점 때문에 선호도는 회사 고문보다 더 높다. 이 직업의 경우 주민들과 관계가 좋으면 70세가 넘어도 계속 일할 수 있다는 점이 가장 큰 매력 포인트다. 그래서 관리인을 모집할 때 보통 50대 1의 높은 경쟁률을 기록한다고 한다.

아파트 관리인

- 월수입: 15~20만 엔(약 150~200만 원)
- 요구 능력: 커뮤니케이션 능력, 유연성 등
- 채용 루트: 직업 전문 사이트 등록

인기도 ★★★★★ 난이도 ★★★★☆

월수입은 15만~20만 엔(약 150만~200만 원) 정도다.

이 좁은 문을 뚫기 위해서는 높은 의사소통 능력과 사고의 유연성, 부지런함이 필수적으로 요구된다. 관리인이라고 해서 주로 앉아 있는 일이 많다고 생각하면 오산이다. 청소, 설비 점검, 주민의 불만 청취 등을 수시로 해야 하기 때문에 무엇보다 근면성과 적극성이 필요한 직업이다.

주민과의 관계 개선이나 아파트 가치 상승을 위해 아이디어를 내놓는 일도 요구된다. 이 때문에 정보에 밝고 최신 사회 이슈나 트렌드에 지적 호기심이 많은 은퇴자가 환영받는다고 한다.

컴퓨터 교실 강사도 은퇴자의 선호 직종 중 하나로 꼽힌다. 수입은 그리 많지 않지만(월 25만~45만 원 정도), 가르치는 일을 좋아하는 은퇴자에게 인기가 높다. 일본은 컴퓨터 강사의 평균 연령이 약 70세다. 특별한 자격을 요구하지는 않지만 워드프로세서, 엑셀 등 기본 소프트웨어 조작 기술 등을 갖춰야 한다.

컴퓨터 교실 강사

- 월수입: 2.5~4.5만 엔(약 25~45만 원)
- 요구 능력: MS Office, 컴퓨터 프로그램, 소프트웨어 등 조작 기술
- 채용 루트: 지자체 해당 부서 및 인재 파견회사

인기도 ★★★☆☆   난이도 ★★★☆☆

마지막으로 시니어 여성들에게 주목을 받는 은퇴 후 직장은 '가사 대행 서비스'다. 맞벌이나 1인 가구가 많아지면서 수요가 급격히 늘어난 일본의 가사 대행 서비스 산업 규모는 최근 몇 년간 6배로 급성장했다(2017년 기준). 게다가 가사 대행 서비스는 여성이 우대받는 몇 안 되는 업종 중 하나다. 이런 분위기 속에서 자신 있는 일도 하며 용돈까지 벌 수 있는 이 직종이 집안일에 익숙한 퇴직 여성들 사이에서 인기를 끌고 있다.

　보통 가사 대행 서비스의 시급은 1만 원 정도로, 평균 월 20만 ~120만 원의 수입을 올린다. 근무 스케줄 또한 주 1회부터 자신의 형편에 맞게 조정 가능하다는 것이 장점이다.

가사 대행 서비스

- 월수입: 2~12만 엔(약 20~120만 원)
- 요구 능력: 청소 등 가사 능력, 체력
- 채용 루트: 가사 대행 서비스 회사 등록

인기도 ★★★☆☆　난이도 ★★☆☆☆

연금을 다시 일하는
밑천으로 삼자

연금을 수령하는 나이임에도 불구하고 다시 취업 전선에 뛰어들어 활약하는 고령 노동자들을 일컬어 일본에서는 '연금 겸업형 노동자'라고 부른다. 이들의 수입 구조는 '연금+월급'이다.

연금 겸업형 노동자들은 정기 지급되는 연금이라는 밑천이 있기 때문에 재취업 시 '저임금' 조건을 겸허히 받아들인다. 따라서 이들은 연금 수입이 없는 젊은 노동자보다 '높은 임금 경쟁력'을 갖추었다고 할 수 있다. 또 오랜 현장 경험으로 일에 대한 숙련도가 높고, 인간의 평균 수명이 길어진 덕에 튼튼한 체력까지 갖췄다. 임금 경쟁력, 노동의 질, 체력까지 3박자를 겸비한 것이다.

이 같은 '연금 겸업형 노동자'는 기업에게 매력적인 인력풀이다. 이 때문에 고령 재취업자들이 젊은 세대의 일자리를 위협하고 있다는 걱정도 마냥 억지라고 볼 수만은 없는 상황이다. 게다가 오늘날 청년들은 자신이 노인이 되었을 때 받게 될 연금액이 지금에 비해 훨씬 줄어들 것을 알면서도 고령 세대를 위해 자신의 급여에서 연금 보험료를 떼 부담하고 있는 상황이다. 이에 대한 젊은 세대의 불만이 커지면서 '혐로嫌老'라는 말까지 생겨났다.

일본에서는 단카이 세대가 대거 은퇴한 2007년부터 이 정년퇴직 베이비부머들이 연금 겸업형 노동자에 합류하면서 고용 시장에 큰 변화가 일어나고 있다.

일본의 노동정책 연구기관이 조사한 바에 따르면, 60~69세 가운데 연금을 수령하고 있는 고령 취업자의 비율은 남성이 50%, 여성이 30%에 달한다. 70세 이상 취업자도 20%가 넘는다고 한다.

이들이 받는 연금(전액 수령 기준)은 평균 20만 엔(약 200만 원) 정도다. 자영업자나 영세 기업에 근무했던 사람들은 7만 엔 수준이지만, 일반 기업에 입사해 정년퇴직한 경우 부부가 합쳐 받는 연금은 20만 엔가량이다.

따라서 이들이 원하는 연금 이외의 플러스알파 보수는 대략 월 10만 엔(약 100만 원)이다. 그 정도만 받아도 노후 생활에 무리가 없다는 계산에서다.

이는 단순히 금전적 측면만을 나타내는 것이 아니다. 연금 겸업형 노동자들은 소득 보전보다 일을 통해 삶의 보람을 찾는 수단으로도 재취업을 받아들이고 있다.

이 같은 분위기에 맞춰 일본 정부와 지방자치 단체는 법과 제도를 고쳤다. 기업도 '재고용 확대'라는 정책을 통해 뒤에서 지원하고 있다. 일본 정부는 2006년 4월에 만든 고령자고용안정법을 2013년 개정해 모든 기업이 정년을 연장하거나 퇴직자를 재고용하는 '계속고용제도'를 시행하고 있다. 이에 따라 일본 기업은 퇴직한 노동자와 재계약해 재고용하는 방법, 정년을 65세로 연장하는 방법, 정년을 아예 폐지해 계속 고용하는 방법 중 하나를 골라 근로자의 정년을 늘려 주고 있다. 어느 쪽을 선택하든 근로자가 희망하면 65세까지 일할 수 있도록 의무화한 것이다.

이는 2013년에 연금 첫 수령 시기가 65세로 연장되면서 생긴 시간 공백, 즉 60세 정년퇴직에서 연금 수령 시점까지 '5년의 공백'을 메우기 위해서 일본 정부가 택한 특단의 조치다. 정부 기관이 나서서 평생 현역 시대를 준비하고 있는 것이다. 평균 55세에 퇴직해 연금 수령 연령인 65세까지 '마魔의 10년'을 보내야 하는 한국의 퇴직자들을 생각하면 부러운 대목이 아닐 수 없다.

정부 시책에 앞서 고령자 고용안정 대책을 자율적으로 실천한 일본 기업도 적지 않다. 대표적인 사례가 세계 2위의 에어컨 제조

업체인 다이킨DAIKIN 공업이다. 60세 이후 재고용률이 83%에 달하는 이 기업은 이미 1991년부터 계속고용제도를 도입해 운영하고 있다. 연봉은 정년 때의 80%를 지급하고, 능력만 있으면 65세 이후에도 계속 일할 수 있다. 2001년 도입된 '시니어 스킬 계약사원 제도'는 전문 지식과 넓은 인맥만 입증되면 원할 때까지 일할 수 있도록 보장한다. 이 제도로 65세 이상 고령자 100여 명이 실제 일하고 있으며 75세가 넘는 고령자도 있다고 한다.

오래 일하려면
스페셜리스트가 되라

퇴직 연령은 낮아지는 반면 연금 수급 시기는 점점 늦춰지고 있는 요즘, 기나긴 노후의 생계 걱정을 하지 않을 수 없다. 퇴직 후 적어도 몸이 허락할 때까지 계속해서 일하고 싶은 마음은 누구든 마찬가지 아닐까. 하지만 고령자 계속고용제도와 같은 기회는 아무에게나 주어지는 것이 아니다.

40대 중반까지는 이른바 '연공서열'에 기대어 어떻게든 기존 조직에서 버틸 수 있지만 퇴직 후 기존 조직에서 벗어나게 되면 사회는 냉정하고 엄정한 잣대를 들이댄다. 어느 조직이든 개인을 역량이 아닌 '시장 가치'로 평가한다. 결국 시장 가치가 높아야 향후

20년은 더 일할 수 있다는 얘기다.

어떻게 하면 시장 가치를 높일 수 있을까. 최근 일본의 한 주간지가 인재 스카우트 전문가인 헤드헌터들에게 퇴직자들이 시장 가치를 높일 수 있는 비결을 물어봤다.

전문 분야를
1~2개로 압축하라

"오래 일하려면 스페셜리스트가 되어라." 헤드헌터들이 전하는 최고의 조언은 이 한마디로 요약된다. 시장 가치를 높이는 가장 좋은 전략은 전문성이라는 것이다.

다만 요즘 같은 시대에는 전문 분야라 해도 그 범위가 너무 넓으면 자기 가치를 높이는 게 쉽지 않다. 잘하는 분야, 전문 분야도 좀 더 세분화해 압축하는 노력이 필요하다.

예를 들어 30년간 해외 영업 업무를 한 사람이라면 해외 영업 분야에서는 전문가라고 할 수 있다. 하지만 그 전문 분야가 '해외 영업'이라는 너무 넓은 범위에 머무르면 시장 가치를 높게 평가받을 수 없다는 얘기다. 해외 영업이라는 분야의 전문성을 높이고자 한다면 특정 지역이나 특정 상품, 특정 서비스에 집중하는 노력이 필요하다. 수평으로 축을 펼치기보다는 수직으로 축을 파 내려가는 것이 시장 가치를 높이는 데 효과적이라고 헤드헌터들은 조언한다.

기업과 사회가 필요로 하는
커리어를 갖춰라

'뛰어난 전문성과 많은 경험 등 개인적으로 출중한 경쟁력을 갖췄으니 일할 기회는 얼마든지 있을 것이다.' 이렇게 생각하다 큰코다칠 수 있다. 시니어 인력 시장은 그렇게 호락호락하지 않다.

개인의 전문성이 아무리 뛰어나도 전문 분야에 대한 기업과 사회의 수요가 없으면 일할 기회가 줄어들 수밖에 없다. 헤드헌터들이 노후 커리어를 시장과 기업이 필요로 하는 것에 맞추라고 조언하는 것은 바로 이 때문이다.

그동안 전문가가 대접받아 오던 회계 분야나 IT 솔루션 분야도 이제는 다양한 기술이 발전함에 따라 해당 분야 전문가들에 대한 필요성이 줄어들었다. 특히 IT업계가 그렇다. 당장 기업과 사회의 수요가 있다 하더라도 대부분 오래 지속되지 못할 것으로 예상된다.

헤드헌터들은 개인의 전문성에 기업과 사회의 수요가 곁들여지면 시장 가치를 훨씬 더 높게 평가받을 수 있다고 강조한다. 이른바 시장 가치의 3대 축인, '전문성+기업 수요+사회 수요'가 갖춰지면 안정적인 노후 일자리를 보장받을 수 있다는 것이다.

은퇴 후 20년을 보장하는 커리어 개발 3대 비법

1. 자신이 잘하는 분야에 집중하라.

전문 분야를 1~2개로 압축해 경쟁력을 키운다.

2. 기업과 사회의 수요에 맞춰 커리어를 설계하라.

기업과 사회가 필요로 하는 전문 기술과 지식을 갖춘다.

3. 자신을 필요로 하는 곳으로 옮겨라.

기업 규모보다 자신의 역할이 큰 곳으로 전직한다.

● 평생 현역이 꿈으로 남지 않으려면 은퇴 직전까지 계속해서 자신을 계발할 필요가 있다.

자신을 필요로 하는 곳에
둥지를 틀어라

전문성과 기업의 수요가 개인의 시장 가치를 높여 주는 중요한 조건인 것은 분명하다. 하지만 모든 기업, 모든 분야에서 동일한 전문성과 사회적 수요가 발생하지 않는다는 데 문제가 있다.

따라서 자신의 전문성을 정말 필요로 하는 곳을 신중하게 찾는 것이 중요하다고 헤드헌터들은 말한다. 그것이 은퇴 후에도 자신의 시장 가치를 높게 유지할 수 있는 최적의 전략이다. 이 같은 기회는 대기업이나 해당 분야의 유명 기업보다는 주로 중소기업이나 벤처 기업에 많다.

예컨대, A씨는 유기화학 박사로 제약 분야에서 높은 전문성을 갖추고 있다. 하지만 대형 제약회사에서는 프로젝트별로 고용을 하다 보니 프로젝트가 끝난 후에는 계약이 종료되곤 했다. A씨가 가진 기술이 제품 개발에 한정적인 수단으로 활용되기 때문이다. 헤드헌터들은 이런 A씨에게 대형 제약회사보다는 그의 전문 기술을 항구적으로 필요로 하는 소재 관련 벤처 기업으로 자리를 옮겨볼 것을 추천했다.

대형 전자업체에서 해외 홍보를 20여 년간 담당했던 B씨에게도 상대적으로 역할이 작은 대기업에 계속 머물러 있는 것보다 작지만 튼튼한 외국계 기업에서 일하는 것이 해외 홍보 경력을 더 주도적으로 발휘할 기회라고 헤드헌터들은 조언했다.

A씨와 B씨의 경우를 살펴보면 자신이 지닌 전문성을 사회와 기업이 필요로 해야 한다는 점과 자신의 전문성과 역량을 십분 발휘할 수 있는 곳을 찾아야 한다는 점, 이 2가지가 핵심인 것을 알 수 있다.

평생 현역 인간형의
3가지 필수 조건

'60세 환갑'을 맞았다고 동네잔치를 벌이던 일은 어느덧 까마득한 옛날이야기가 되어 버렸다. '인생 60부터'라는 말이 그냥 우스갯소리가 아니라 의미심장하게 다가오는 시대가 된 것이다. 그러나 100세 시대인 지금, 손에서 완전히 일을 놓고 남은 인생을 정리하며 살기에 60세는 너무 '젊은 나이'다. 적어도 70세, 가능하면 80세까지 계속 일할 필요가 생겼다. 꼭 생계를 위해서만은 아니다. 인생의 후반기를 뜻있게 보내려면 이제 일은 '해 볼까?'가 아닌 '해야 한다'다. 어쩌면 100세 시대가 우리에게 '평생 현역'을 요구하고 있는 것일지도 모른다.

하지만 아무나 평생 현역을 실현할 수 있는 건 아니다. 당연한 얘기지만 그만한 능력과 함께 '인격' 또한 갖춰야 한다.

이와 관련해 정신과 의사이자 은퇴 전문가인 호사카 다카시保坂隆 교수가 '80세까지 일하기 위한 필수 조건'을 3가지로 정리해 제시했다. 호사카 교수가 말하는 '평생 현역 인간형'은 무엇인지 살펴보자.

평생 현역의 최고 조건은 '인간관계 구축력'

나이 든 사람들의 차별화된 능력을 꼽으라면 무엇을 들 수 있을까. 사람들과 좋은 관계를 유지할 수 있는 능력, 다시 말해 '인간관계 구축력'이 아닐까 한다.

아무리 훌륭한 기술이나 특허도 10년, 20년 세월이 흐르면 그 가치가 떨어지기 마련이다. 하지만 인간관계는 다르다. 사람과의 관계는 관계가 관계를 낳기 때문에 나무가 해를 더하면서 나이테가 촘촘해지듯 지속적인 성장이 가능하다. 인간관계만큼은 젊은이가 나이 든 사람을 이기기 어렵다.

인간관계가 갖는 경쟁력은 특히 은퇴 후에 더 빛을 발한다. '기술'보다 '관계'가 중요한 시기가 오기 때문이다.

인간관계가 유연한 사람은 업무상 새롭게 관계를 맺은 사람이나 나이 차가 벌어지는 젊은 세대와도 교류를 넓혀 가는 능력이 뛰어나다. 상대방의 입장을 헤아릴 줄 아는 사람, 젊은이들과 무리 없이 어울릴 수 있는 사람. 이런 사람이 세월이 흘러도 변하지 않는 '진짜 인맥'을 갖게 되고 은퇴 후에도 사회의 '간택'을 받을 가능성이 커진다.

나이를 변명이나 구실로 삼지 않는다

은퇴할 즈음이 되면 대외적으로나 스스로도 나이 탓을 많이 하게 된다. 주어진 일이 내키지 않을 때 상대방이 자기를 대하는 태도가 마음에 들지 않을 때면 '내가 이 나이에?'라는 푸념이 곧바로 튀어나오는 것이다.

하지만 '나이 변명'이 잦을수록 평생 현역을 실현하기가 요원해진다. 회사에서 은퇴자를 재고용하거나 고용을 연장할 때 '조직원들과의 화합'을 중요한 기준으로 보기 때문이다.

어떤 목표를 가지고 팀 전체가 움직이는 일이라면 더욱더 자신의 연령을 변명의 구실로 삼지 말아야 한다. 업무 과정에서는 언제나 밝은 표정으로 새로운 것에 대해 적극적으로 관심을 표하고 의

80세까지 일하기 위한 필수 조건

1. 평생 현역의 최고 조건은 '인간관계 구축력'
2. 나이를 변명이나 구실로 삼지 않는다.
3. 항상 주변에 감사하는 사람이 매력 있다.

욕을 보여야 함께 일하는 사람들이 매력을 느낄 수 있다. 나이를 탓하지 않고 늘 열린 자세를 유지한다면 비록 체력이 쫓아가지 못하더라도 주위에서 흔쾌히 도움을 줄 것이다. 자신의 연령에 맞는 범위 내에서 무리하지 않으며 자기 조절을 잘하는 것도 주위와 잘 융화할 수 있는 방법이다.

항상 주변에 감사하는 사람이 매력 있다

고령임에도 일에 의욕이 넘치는 사람 중에는 '나에게는 특별한 능력이 있으니까' 또는 '나에게 맡겨진 책임이 중대하니까'라는 식의 생각에 빠져 자만하는 경우가 적지 않다.

그것이 사실이라 하더라도 누구든 혼자서 모든 일을 해낼 수는 없는 법이다. 특히 나이가 들면 소소한 업무도 주위의 도움을 받아야 하는 경우가 늘어난다.

나이가 들어서도 계속해서 일할 수 있는, 더 나아가 업무에 몰입할 수 있는 것은 직장 동료를 비롯해 거래처나 가족 등 주위 사람들의 도움이 있기 때문이라는 사실을 잊어서는 안 된다. 그래서 나이가 들수록 주위 사람들에게 감사하는 마음을 갖는 것이 중요하다.

고령의 나이에도 일할 수 있다는 것은 그만큼 음과 양으로 자신에게 지원을 아끼지 않는 주변 사람들이 있다는 뜻이다. 그 사실에 늘 감사하는 것이 여든까지 일할 수 있는 핵심 조건이라고 호사카 교수는 강조한다.

'슬로 창업'으로
만족과 보람을 찾자

은퇴 후 생계를 걱정할 필요가 없을 만큼 여유 자금이 있다면야 더할 나위 없겠지만, 은퇴 후에도 정기적인 수입이 필요한 형편이라면 다시 취업 전선에 뛰어들어야만 하는 게 현실이다. 하지만 나이가 들어서 재취업에 성공하고 평생 현역이 되는 게 어디 쉬운 일인가. 끊임없는 구직 활동에도 실패로 이어지는 재취업에 좌절하다가 창업에 눈을 돌리는 은퇴자들이 많다.

문제는 이들이 오랜 기간 회사 생활을 하느라 정보와 경험이 부족한 데다 돈을 더 까먹기 전에 창업해야 한다는 조급한 생각 때문에 진입이 쉬운 사업들에 뛰어든다는 것이다. 퇴직금 대부분을 밑천으로 쏟아부은 탓에 단 한 번의 실패로 이제껏 쌓아 온 것을 한꺼번에 날리는 일도 허다하다.

이런 문제에 대한 해답의 하나로 요즘 일본에서는 시니어 맞춤형 창업인 '슬로slow 창업'이 주목받고 있다. '자신이 좋아하는 일을 사업화해 무리하지 않고, 적당한 수입으로 만족하는 창업의 형태'를 두고 일본에서는 '슬로 창업'이라고 부른다.

슬로 창업에는 준수해야 할 원칙 2가지가 있다. 첫 번째는 이익보다는 일의 즐거움을 추구해야 한다. 다시 말해 돈을 버는 것보다 일하면서 느끼는 보람에 가치를 두라는 것이다. 두 번째는 사력을 다해 열심히 일하는 것보다 자신의 존재감을 보여 주는 정도에서 만족해야 한다.

근본적으로 슬로 창업의 목적은 생계형이 아니다. 긴 노후 생활 동안 자기가 하고 싶은 일을 즐기며 살아가기 위한 수단으로써의 창업이다. 그래서 슬로 창업의 금기어는 '하이 리스크Hi-risk 하이 리턴Hi-return'이다. 고정비를 대폭 낮춘 '로 리스크Low-risk 로 리턴Low-return'이 기본이 되어야 한다. '성공하는 것'보다 '실패하지 않는 것'에 방점을 두라는 뜻이다.

슬로 창업 사례로는 어떤 것이 있을까. 경제지《주간 동양경제》가 은퇴자 맞춤형 창업 형태인 슬로 창업을 특집 기사로 다루면서 그 사례로 애완견 산책 대행사 'JTL'을 소개했다. 견주를 대신해 반려견을 산책시키는 일을 하는 이 회사의 고정비는 광고 전단지 제작비용과 개의 분뇨를 담는 비닐 등 물품비용 정도다. 사실상 자기 몸 하나로 하는 1인 비즈니스인 셈이다. 이용 요금은 1회당 우리 돈 2만 원 정도로 큰돈을 벌 수 있는 건 아니다. 하지만 JTL 대표는 "내가 정말 좋아하는 개와 함께 산책까지 할 수 있다면 건강과 돈, 일석이조 아닌가요?"라고 말한다.

슬로 창업을 홍보하고 있는 은퇴자 창업 지원 회사 '긴자 세컨드 라이프'의 대표는 늦은 나이에 창업해 성공한 이들의 공통점을 다음의 5가지로 꼽는다. 첫째, 즐거워야 한다. 둘째, 보람을 느껴야 한다. 셋째, 잘하는 것이어야 한다. 넷째, 이익만 추구해서는 안 된다. 다섯째, 건강이 우선이다.

물론 아무리 슬로 창업이라 해도 위험 요소가 전혀 없을 순 없다. 전문가들은 "개업 후 적어도 6개월 정도는 적자를 감수하겠다는 각오를 가지고 시작하는 게 좋다"고 조언한다. 또 대략의 초기 투자금은 설비자금과 운용자금 각각 3개월 치 여유분이 있어야 한다고 덧붙인다.

그럼 어떤 분야의 창업을 해야 성공에 다가갈 수 있을까. 이와 관련해 긴자 세컨드 라이프 대표가 제시한 다이어그램은 참고할 만하다. 3개의 원을 서로 겹치게 그리고, 첫 번째 원에는 '내가 하고 싶은 일' 두 번째 원에는 '내가 잘하는 일' 세 번째 원에는 '돈이 되는(시장성이 있는) 일'의 내용을 적어 본다. 그렇게 하면 3개의 원이 겹치는 곳에 자신의 비즈니스 기회가 있다는 설명이다.

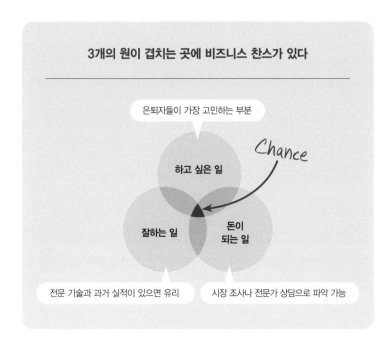

3개의 원이 겹치는 곳에 비즈니스 찬스가 있다

은퇴자들이 가장 고민하는 부분

Chance

하고 싶은 일

잘하는 일

돈이 되는 일

전문 기술과 과거 실적이 있으면 유리

시장 조사나 전문가 상담으로 파악 가능

일본 65세 이상 인구의 70%는 나이가 들어서도 계속 일하고 싶어 한다. 일본 총무성 조사에 따르면 크게 '돈을 벌기 위해' '건강을 유지하기 위해' '경험을 살리기 위해' 이 3가지 이유 때문이다.

정년 전후의 세대는 튼튼한 체력과 기력, 풍부한 지식과 경험, 그리고 인맥이라는 우수한 역량을 갖고 있다. 이 역량은 비즈니스를 위한 훌륭한 기초 자산이다. 오랜 세월 쌓아 온 경험과 인맥을 살리고 또 즐기면서 돈까지 번다는 마음가짐으로 슬로 창업을 고민해 보는 건 어떨까. 많은 은퇴자가 선망하는 이상적인 워크라이프도 마냥 그림의 떡은 아닐 것이다.

창업이냐 재취업이냐,
당신의 선택은?

여유 있는 노후 생활의 기본 전제는 물론 현역 때 노후 자금을 가급적 많이 저축해 두는 것이다. 하지만 60세 이후에도 계속 일할 수 있다면 저축해 둔 노후 자금이 부족하더라도 생계 걱정을 어느 정도 덜 수 있다. 60세 이후 일할 수 있는 선택지는 지금까지 살펴본 것처럼 2가지로 압축할 수 있다. 개인 창업을 할 것인가, 아니면 회사에 재취업할 것인가.

선택에 앞서 《니혼게이자이신문》이 제시한 '시니어 창업과 재취업을 위한 성공 포인트'를 한번 살펴보자. 자신은 어느 쪽에 도전하는 것이 좋을지 스스로 점검할 수 있을 것이다.

먼저 시니어 창업의 경우다. 일본에서는 요즘 50~60대에 새롭게 창업하는 사람들이 부쩍 늘고 있다. 일본 정책금융공고_{JFC} 조사에 따르면 한 해 사업을 시작한 전체 창업자 중 50대 이상 비율이 1991년에는 11.5%에 그쳤지만 2015년에는 22.5%까지 2배가량 증가한 것으로 나타났다. 그 숫자는 해가 갈수록 늘어나고 있다.

일본의 시니어 창업을 지원하는 기구와 사업가 교류 단체들은 시니어 창업 시 다음과 같은 점을 유의해야 한다고 충고한다. 첫째는 창업 준비 단계에서 자신의 향후 경제 상황을 분명히 파악하는 것이다. 퇴직금은 얼마나 되고 정년퇴직 후 받게 될 연금은 얼마나 되는지, 또 생활비 등 고정적으로 지출할 돈은 매달 얼마인지, 자신의 가계 수지를 정확히 분석하는 것이 무엇보다 중요하다는 것이다. 노후 가계가 분명하지 않으면 창업 때 사용할 자금 규모에 대해 감도 잡을 수 없게 된다.

'창업 형태를 어떻게 할 것인가' 또한 신중한 결정이 요구되는 부분이다. 개인 사업주로서 사업을 할 것인지, 주식회사 등 법인 형태로 할 것인지 결정해야 한다. 사업 형태에 따라 들어가는 설립 비용과 세금에서 많은 차이가 나기 때문이다.

전문가들은 실버 창업의 경우 현역 시절의 인맥을 활용하면 된다는 안이한 생각은 절대 금물이라고 말한다. 새 사업을 위해서는 새로운 인맥을 은퇴 전부터 미리 만들고 사업자금 지원에 관련된 정보를 최대한 수집하라고 권고했다.

또 전문가들은 시니어 창업의 경우 초기부터 이익을 올리겠다는

시니어 창업 때 유의할 사항

1. 창업 준비

- 자신의 경제 상황을 파악(가계 시뮬레이션)해 사업에 쓸 수 있는 자금 산출.
- 하고 싶은 것, 할 수 있는 것, 잘하는 것(자격, 특기, 지식재산권 등)을 명확히 정리.
- 일할 수 있는 빈도(날짜)를 파악.

2. 창업 준비 본격화

- 새로운 인맥과 사업 자금 지원 등에 대해 필요한 정보를 수집.
- 사업 계획, 자금 계획(초기 투자액, 운전 자금 등)을 작성.
- 사업 형태(개인 사업, 법인)를 결정.

3. 창업 직후

- 이익 창출보다 적자 회피를 최우선으로 할 것.
- 생활 자금은 절대 사업 자금으로 돌리지 말 것.
- 가족이나 지인에게 피해를 주지 않도록 할 것.

- 청년에게도 창업은 위험하지만, 노년의 창업은 '생존에 위협'이 될 정도이기에 만전을 기해야 한다.

의욕을 앞세우기보다 적자를 내지 않겠다는 '방어적 자세'가 중요하다고 강조하면서, 생활 자금을 사업 자금으로 돌려쓰는 일은 절대 하지 않겠다는 것을 창업의 철칙으로 삼으라고 말한다.

이렇게 머리 아픈 창업을 하느니 차라리 재취업을 하겠다는 사람도 많이 있을 것이다. 하지만 앞서 설명했듯이 재취업도 그리 만만한 일은 아니다. 전문가들이 재취업의 가장 큰 걸림돌로 지적하는 것은 은퇴자들이 원하는 희망 직종과 실제 시장에서 요구하는 직업 간 수요의 차이가 크다는 점이다.

구체적으로 들여다보면 이렇다. 재취업 희망자들이 가장 원하는 업종은 사무직이지만 실제 시장에서 가장 많은 채용이 이뤄지는 것은 청소 용역업이나 아파트 관리직인 것으로 나타났다.

'도쿄 일자리 재단'에 따르면 2011년 기준으로 55세 이상 취직 희망자 가운데 사무직을 원하는 시니어 구직자는 3024명이었으나 실제 사무직에 취업한 사람은 193명에 그쳤다. 16명 중에 1명만 원하는 사무 직군에 취업할 수 있었다는 얘기다. 반면 청소 용역의 경우 627명의 희망자 가운데 240명이 재취업(2.6명당 1명)에 성공했다. 시니어 재취업 성공 업종은 주로 청소, 아파트 관리, 간병 등 서비스 관련 업무가 많았다.

전문가들은 "사무직 이외의 일은 하고 싶지 않다, 급여는 어느 수준 이상이어야 한다는 등의 요구사항이 많을수록 재취업의 길은 멀어져 간다"고 강조한다. 결국 재취업 성공 포인트는 자신의 현실을 객관적으로 인지하고 그에 맞춰 눈높이를 낮추거나, 치열한 사무직 취업 경쟁을 뚫을 만한 능력을 갖추고 있는 것에 달렸다.

'회사 놀이'에 담긴 시니어의 꿈

일본의 한 중소 도시에 있는 마을 도서관 휴게실. 머리가 희끗한 남성 둘이 탁자를 사이에 두고 앉아 푸념을 늘어놓고 있다. "도서관도 골프도 여행도 이제 별 재미가 없다" "매일 할 일도 없어 매사에 의욕도 없다" "직장이야말로 인생 그 자체였는데, 그런 직장을 빼앗겼다" 등 둘의 넋두리에서는 허탈함을 넘어 분노마저 느껴진다. 정년퇴직한 이들이 직면한 일상의 최대 고민은 아침에 일어나도 마땅히 '갈 곳이 없다'는 것이다. 일벌레로만 살아온 이들에게 매일 아침 발길을 옮기던 직장이 사라져 버린 허탈감은 그 어떤 것으로도 채워지질 않는다.

일상의 무료함에 지쳐 힘들어하던 어느 날, 두 사람은 기상천외한 아이디어를 실행에 옮긴다. 바로 '직장 놀이'를 하게 된 것. 이것이 정년퇴직자들의 '웃픈' 은퇴 후 삶을 그린 일본 소설《극락 컴퍼니》의 첫 장면이다.

다음 날 아침 9시, 나프탈렌 냄새가 밴 양복을 오랜만에 꺼내 입고 넥타이까지 맨 두 사람이 발길을 옮겨 도착한 곳은 동네에 있는 한 다방이다. 이곳을 자신들이 매일 출근해야 할 회사로 설정했기 때문이다.

퇴직 후 찾아온 상실감과 무료함을 견디다 못해 이들이 장난삼아 만든

'가짜 회사'는 뒷날 전국에 지사까지 두게 되는데, 그 과정의 이야기가 꽤 흥미진진하다.

몇 년 만에 다시 시작된 출퇴근 생활. 단순한 '놀이'라고는 하지만 여기에 빠져든 두 사람은 진지한 데다 얼굴에는 오랜만에 생기가 돈다. 우선 '(주)회사놀이'라고 이름은 붙였지만, 창업이나 마찬가지니 해야 할 일이 너무도 많다. 사칙社則을 정하고 사업 분야를 설정하고, 사업 계획과 영업 전략을 수립하고…. 그래도 두 사람이 평생 해 왔던 일이기에 회사 설립 작업은 일사천리로 진행된다. 회사 일 전체를 단둘이서 맡아 하는 바람에 매일같이 야근이 이어지자 이들은 '일손을 좀 늘리면 어떨까' 하고 생각한다. 집 근처 단골 다방의 한쪽을 (주)회사놀이 사무실로 활용할 수 있도록 다방 주인과 의기투합한 상황인데다 전화도 다방의 것을 쓸 수 있도록 허락받았다.

그런데 '사원 모집'에 나선 둘 앞에 예기치 못한 상황이 벌어진다. '은퇴 사원 모집'이라는 포스터를 만들어 마을 곳곳 전봇대에 붙인 다음 날 아침부터 다방의 전화통에 불이 난 것이다. 은퇴자들은 '구직 신청'을 하면서 "심심해 죽을 맛"이라며 "꼭 일하고 싶다"는 말을 쏟아냈다.

자신들과 비슷한 생각을 하는 사람이 이렇게 많을 줄 몰랐던 두 설립자는 밀려드는 지원자들에 당황하는 것도 잠시, 곧 '면접'이라는 묘안을 내놓는다. 그런데 골치 아프게도 입소문을 타고 퍼진 이 소식에 옆 동네에서까지 전철을 타고 온 면접자들로 다방 앞은 장사진을 이룬다. 상가의 다른 가게들이 영업에 방해된다며 불만을 터트리고 경찰관도 탐문에 나설 정도다. 결국 번호표를 나눠 주는 것으로 일단 사태를 진정시켰지만 두 은퇴자는 예상치 못한 상황에 골머리를 앓다가 하나의 묘안을 짜낸다. 바로 '회비'를 내고 사원이 되면 자동적으로 다방 회원이 되고, 출근하면 커피도 마실 수 있도록 한 것이다. 회비를 받는 고정 손님이 생기는 것이니 다방 입장에서도 큰 메리트였다. 사실상 '회원제 다방'이 된 것이다. 설마 돈까지 내면서 하려고 할까 생각했지만, 등록을 포기한 사람은 10%가 채 안 됐다. 이렇게 해서 100명이 넘는 퇴직자가 제1기 사원으로 채용된다.

신입회원들이 집에서 가져온 노트북 컴퓨터, 전화기, 문구들로 얼추 회사 형태를 갖추면서 본격적인 '회사놀이'가 시작됐다. 병원놀이, 학교놀이 등 본래 놀이라는 게 각자가 배역을 실감 나게 연기할수록 흥미가 더해지는 법이다. 은퇴자들은 사장, 임원, 직원 등 각자 역할을 나누어 열심히 회사 놀이를 한다. 거래 상품은 매일 시세가 변동하는 식품 재료로 정하고 이에 따라 자본금, 자산, 부채, 대차대조표, 손익계산서 등을 가상으로 설정했다. 이들은 매출전표를 만들고 실적도 낸다. 야근을 연기하면서 한창 열심히 일하던 시절의 추억을 즐기는 장면은 꽤 인상적이다.

(주)회사놀이는 돈과 실물만 오가지 않을 뿐 진짜 회사와 크게 다르지 않다. 이들의 놀이가 입소문을 타면서 입사 지원자는 계속해서 늘어난다. 더 이상 다방에서 이들의 업무를 다 수용하기 어려울 정도다. 그때

사람들은 '거래처'를 만들어 보자는 발상을 떠올리고 곧 거래처라는 명목으로 별도 회사를 만들어 사원 초과 상황을 해결한다. 사무실이 되어 줄 장소는 파리만 날리던 동네 마작방, 당구장 등 얼마든지 있다. 회사 놀이 참가자들이 고정 회비를 내니 가게 주인 입장에서는 마다할 이유도 없다. 지역 은퇴자들을 위해 지사도 두게 되고 이 때문에 놀이에는 '출장'이 추가된다. 회사 놀이는 점점 흥미를 더해간다. 이 이상의 내막은 책으로 직접 확인하기 바란다. 한국에서도 2011년 《극락 컴퍼니》(북로드)라는 제목으로 출간되었으니 구하기 어렵지 않을 것이다.

소설 속에서 가장 마음을 흔든 장면은 다름 아닌 주인공 스고치 씨의 독백이었다. 스고치 씨는 세상이 자신을 '회사 인간' 또는 '일에만 절어 가정을 내팽개쳤다'고 비난하는데, 그게 왜 잘못된 것인지 반문한다. 오히려 회사와 함께했던 충만한 일상이야말로 "내 즐거움의 원천이었다!"라고 말한다. 그의 독백이 정년퇴직자들의 마음속 응어리를 풀어 주는 것 같았다.

소설에서 눈길이 가는 또 하나의 대목이 있다. 마케팅 전문가인 스고치 씨의 며느리가 (주)회사 놀이에 대해 언급한 내용이다. 일본의 샐러리맨들은 30~40년간 한 회사에서 나름의 노하우를 축적해 왔는데, 정년퇴직은 그 노하우를 퇴직금과 함께 쓰레기 처분하는 행위라고 그는 목소리를 높인다. (주)회사놀이가 비록 '가짜 회사'지만, 선배 회사원들의 노하우를 후배 세대에게 전승해 줄 수 있는 기회가 되고, 동시에 퇴직자들의 노후 생활에 보람이 될 수 있다고 말하며 며느리는 다음과 같이 덧붙인다.

"(주)회사놀이는 정년퇴직자들을 위한 멋진 복지사업이 될 수 있을지도 몰라요."

3부 돈

당신은 '은퇴 부자'인가

'은퇴 빈민'인가

돈 걱정 하지 말고
돈과 잘 사귀자

'행복한 노후'를 보내려면 얼마 정도의 자금이 있어야 한다고 생각하는가? "노후에 유유자적하며 살려면 최소 10억 원은 있어야 한다" "월 200만 원이면 충분하다"는 등 노후 생활 설계에 관한 생각은 사람마다 제각각이다.

이에 일부 금융사들은 노후 기간에 발생할 수입과 지출을 면밀히 분석해 구체적인 노후 자금 액수를 제시하기도 한다. 또 "늙어서도 사람답게 살려면 최소한 이 정도는 있어야 한다"는 '공포 마케팅'으로 자사의 노후 금융상품 가입을 꼬드긴다.

일본도 상황은 마찬가지다. 이미 단카이 세대들이 대거 은퇴자로 합류하면서 노후 자금에 대한 관심은 한국보다 훨씬 더 뜨거워졌다. 이에 일본의 수많은 자산 금융 회사도 '행복 노후 자금'을 앞세우며 '돈 많은' 단카이 세대에게 러브콜을 보내고 있다. 일본의 경우 전체 개인 자산 약 1600조 엔의 60%를 65세 이상 고령자들이 쥐고 있는 것으로 집계되고 있다.

그럼 일본의 고령자들은 돈 걱정 없는 노후를 보내기 위해서는 얼마가 있어야 한다고 스스로 생각할까. 이와 관련해 일본의 유명 금융 컨설턴트가 한 잡지와의 인터뷰에서 소개한 '돈 걱정 없이 행복한 노후를 손에 넣는 비법'이 눈길을 끈다. 자산 설계 전문가 나이토 시노부內藤 忍 씨가 말하는 노후 자금 솔루션을 한번 살펴보자.

나이토 씨가 행복 노후 자금 솔루션의 제1원칙으로 제시한 것은 냉철한 '현실 인식'이다. 그는 자신이 처해 있는 상황을 직시하고 구체적인 대비책을 세운 뒤 그걸 행동으로 옮기라고 주문한다. 뭔가 대단한 비법을 기대했던 독자라면 실망스러울 만큼 싱거운 모범 답안이다.

"요즘 나이를 불문하고 많은 사람이 노후 자금에 대해 막연한 불안감을 갖고 있다. '노후에는 5억은 있어야 한다'는 등 매체에서 말하는 수치에 휘둘리는 것은 난센스다. 적정한 노후 자금은 사람에 따라 천차만별이다."

불안감의 해결책에 대해 그는 자신이 처한 현실에 맞게 대비하는 것 외에는 없다고 단언한다. 이를 위해 그는 자신만의 '노후 대차대조표'를 만들라고 권유한다.

먼저 현재 저축과 수입, 그리고 본인이 원하는 삶을 보내기 위해 필요한 자금이 얼마인지 명확히 계산해야 한다. 그런 후에 부족한 부분을 파악하고 대책을 세워 실천하면 된다는 것이다.

나이토 씨는 "많은 사람이 이런 계산조차 하지 않으면서 막연히 '돈이 부족할 것'이라고 걱정한다"며 "이런 부류는 소유 자산이 아

돈 걱정 없이 행복한 노후를 손에 넣는 비법

하나, 노후 자금의 대차대조표를 구체화하라!
– 자신이 처한 경제적 현실을 직시할 것.

둘, 노후 생활의 고정관념에서 탈피하라!
– 자신만의 인생에 대한 가치관을 분명히 할 것.

셋, 책과의 만남을 통해 삶의 상상력을 높여라!
– 행복한 삶의 다양한 모습을 인식할 것.

日 금융 컨설턴트 나이토 시노부

무리 많아도 불안할 수밖에 없다"고 꼬집었다. 그럼 자신의 대차대조표가 '마이너스'일 때는 어떻게 해야 할까.

나이토 씨가 내놓은 해법은 '발상의 전환'이다. "자신이 그리는 이상적인 노후 생활을 위한 자금이 부족하다면 오히려 한번 자문해 보자. 정말로 자신이 그리는 행복한 노후란 어떤 것인지. 혹시 '부부가 함께 자주 여행이나 하면서 유유자적하게 생활하는' 그런 드라마틱한 그림만 그리고 있는 것은 아닌지"라고 그는 묻는다.

또 사람들이 '행복한 노후란 이런 것'이라는 고정관념에 얽매여 있다고 지적하면서, 예를 들어 국내에서 노후를 보내겠다는 고정관념을 버리면 상황은 많이 달라진다고 얘기한다.

"해외에서 노후를 보낼 수 있다고 가정하면 전 세계가 인생 2막의 무대가 된다. 이것은 단순히 국내냐 해외냐에 한정된 얘기만은 아니다. 돈이 없어도 행복하게 지낼 수 있는 길은 얼마든지 있다. 중요한 것은 지금 사회에 만연해 있는 노후에 관한 고정관념에서 탈피하는 것이다."

그럼 어떻게 해야 고정관념에서 벗어날 수 있을까? 나이토 씨는 '삶에 대한 상상력'을 높이라고 말한다. 삶에 대한 상상력이란 획일적인 인생에서 한 발 벗어나 세상에는 다양한 삶이 존재한다는 것을 알고, 나아가 그러한 삶을 추구하려는 사고다.

이를 위해 그는 여러 사람과 만날 것을 요청한다. "삶에 대한 상상력을 높이기 위해서는 다양한 사람의 생각을 접하는 것이 중요하다. 매일 같이 만나는 주변 사람이나, 비슷한 생각을 갖고 있는 사람들만 만날 것이 아니라 강연회에 나가 보거나, 소셜미디어의 커뮤니티에 참여해 보라. 그래서 새로운 인생관과 사고방식을 적극적으로 습득해 보자. 책도 좋은 수단이다. 나는 한 달에 스무 권의 책을 읽는데 그만큼 새로운 가치관을 만나는 기회가 늘어나는 것이다."

지금까지 수많은 재력가에게 조언해 온 나이토 씨는 돈에 관해 어떤 철학을 갖고 있을까. 그는 "필요 이상의 돈을 갖게 되면 그때부터는 불행이 시작된다"라고 단언한다.

"사람들은 대부분 자기가 가진 돈보다 더 많은 돈을 갖기를 원한다. 돈 많은 대기업의 오너 가족이 해체되는 것도 돈을 너무 많이 가져서다. 자신이 컨트롤할 수 있는 그 이상의 돈을 갖게 되면 돈에 삶이 휘둘리게 된다. 인생의 뚜렷한 가치관이 없는 사람일수록 비싼 것이 가치가 높은 줄 안다."

반대로 돈과 '잘 사귀는' 사람들은 무엇이 다를까. 나이토 씨는 "돈과 잘 사귀는 사람들은 '자신에게 가치 있는 삶'이 어떤 것인지 잘 알고 있다"라고 강조한다.

오십, 노후 준비에
박차를 가해야 할 시간

인간의 평균 수명이 길어지면서 은퇴 후 '삶의 질'에 대한 사람들의 관심 역시 커지고 있다. 정년퇴직 후 적어도 20~30년이란 시간을 보내야 하는데, 이 기간에 어떤 생활을 하느냐가 그 사람의 인생을 좌우한다고 해도 무리는 아닐 것이다.

그렇다면 은퇴 후 삶의 만족도가 높은 그룹 그리고 만족도가 낮은 그룹, 이들은 각각 어떤 공통점을 갖고 있을까?

이와 관련해 금융 전문 주간지 《닛케이 머니》가 설문 조사 하나를 실시했다(2011년 10월). 조사 결과, 만족도가 높은 사람들과 낮은 사람들 사이에 가장 눈에 띄는 차이점은 '50대'에 노후 준비를 시작했는지 여부였다.

먼저 은퇴 후 만족스러운 생활을 즐기는 사람들에게서 발견한 공통점을 크게 5가지로 나누어 보면 다음과 같다.

첫째, 이들 대부분이 퇴직하기 전에 노후 생활의 '자금 수지'를 꼼꼼히 계산해 본 것으로 나타났다. 퇴직 후의 수입과 지출을 미리 따져 보고 '적자 생활'인지 '흑자 생활'인지 구분을 명확히 해 놓은 것이다.

둘째, 이들은 50세부터 생활비를 조금씩 줄여 나갔다. 이는 자신이 세운 노후 생활을 위한 자금 계획을 구체적으로 실천에 옮겼다는 뜻이다. 예를 들어 자신의 노후 자금 수지에서 노후 생활 자금이 빠듯할 경우 금전 감각을 바꾸고 미리 씀씀이를 줄여 대비하는 식으로 말이다.

셋째, 주택 대출금 상환을 정년퇴직 이전에 완료했다는 공통점도 흥미로운 대목이다. 은퇴 만족도가 높은 사람들은 자금 면에서 여유가 생기는 50대에 집중적으로 대출금을 갚아 나갔다. 이는 정기 수입이 없는 상황에서 주택 대출금이 주는 부담을 무시할 수 없다는 것을 보여 준다.

넷째, 자녀들의 완전한 독립이다. 다시 말해 부모에게 빌붙는 자녀들, 이른바 '캥거루족'이 없다는 얘기다. 캥거루족이란 학교를 졸업해 자립할 나이가 됐는데도 취업하지 않거나, 취업을 해도 독립적으로 생활하지 않고 부모에게 경제적으로 의존하는 젊은이들을 가리킨다. 요즘에는 이런 자녀들과 겪는 갈등과 우울감을 일컬어 '찬 둥지 증후군Crowded Nest Syndrome'이라고도 한다. 이런 자녀들을 껴안은 채로는 만족스러운 노후를 보내기 어렵다.

마지막으로 이들은 큰 금액은 아니지만 퇴직 후에도 정기적인 근로 소득이 있었다. 노년은 연금만으로 연명하기에는 너무 길다. 따라서 일본의 은퇴 전문가들은 안정적인 노후 생활을 위해 '연금 +10만 엔(약 100만 원)' 또는 '연금+5만 엔(약 50만 원)'의 월수입 구조를 갖추라고 권고한다.

그러면 은퇴 후 생활 만족도가 낮은 사람들의 특징은 무엇일까? 물론 만족도가 높은 사람들의 특징과 상반되는 점이 대부분이다. 그중에서도 몇 가지 눈에 띄는 공통점을 추려 보면 다음과 같다.

만족도가 낮은 사람들은 대개 퇴직금으로 받은 돈의 상당 부분을 주택 대출금 상환에 사용해 버렸다는 점을 우선 들 수 있다. 노후 생활에서 퇴직금이 차지하는 중요성은 아무리 강조해도 지나치지 않는다. 그만큼 이들은 중요한 목돈을 '현재의 일상'보다는 '과거의 자산'에 허비한 셈이다.

두 번째 공통점은 한창 노후를 준비해야 할 시기인 50대에 자녀 교육비와 차량 구입 등에 많은 돈을 썼다는 것이다. 사실 자녀 교육비는 '밑 빠진 독에 물 붓기'와 비슷하다. 따라서 자녀 교육비를

만족도가 높은 사람

1. 퇴직 전에 노후 생활의 자금 수지를 꼼꼼히 따져 봤다.

2. 50세부터 생활비를 줄여 나갔다.

3. 주택 대출은 퇴직 전에 상환을 끝냈다.

4. 자녀들은 모두 독립시켰다(캥거루족 자녀가 없다).

5. 소액이지만 퇴직 후에도 근로 소득이 있다.

만족도가 낮은 사람

1. 퇴직금의 상당 부분을 주택 대출금 상환에 사용했다.

2. 50대 생활비 가운데 자녀 교육비 비중이 매우 크다.

3. 평소 생활비가 전체 수입을 크게 웃돈다.

4. 가입 중인 보험 상품의 약관을 제대로 알지 못한다.

5. 평소 주식 투자에 지나치게 열중한다.

앞으로 얼마 정도 부담할 것인지 사전에 명확히 해 두는 것이 무엇보다 중요하다. 이런 점을 간과한 사람들은 대부분 은퇴 후 만족스러운 삶을 누리지 못했다.

또 하나 은퇴 만족도가 낮은 사람들에게서 나타나는 공통점은 평소 생활비가 전체 수입을 크게 웃도는 경향이었다는 점이다. 말하자면 '적자 인생'에 익숙해져 있었다고 해야 할까.

이 밖에도 예전에 가입했던 보험 상품의 약관을 제대로 파악하지 못하고 있었다거나 주식 투자에 지나치게 열중했다는 공통점을 발견할 수 있었다.

마지막으로 은퇴 전문가는 이렇게 조언한다. "50대는 자녀 교육비가 줄고 비교적 생활에 여유가 생기는 시기다. 이때부터 정년퇴직까지의 10년을 행복한 노후를 위한 '마지막 스퍼트 기간'으로 인식하는 것이 중요하다."

더 멀리 봐야
더 잘 산다

직장을 퇴직한 후 시간적, 금전적 여유를 누리며 풍요로운 노후를 만끽하는 '은퇴 부자들'. 기댈 곳이라고는 얼마 안 되는 연금밖에 없어서 생계를 위해 일하며 시간적, 정신적으로 쫓기는 '은퇴 빈민들'. 이 은퇴 부자와 은퇴 빈민의 갈림길은 언제, 어디서 시작됐을까? 그 답을 알 수만 있다면 은퇴 예비군에게는 더할 나위 없는 은퇴 준비 참고서가 될 것이다.

이와 관련해 경제지 《프레지던트》가 2013년 주목할 만한 조사 결과를 내놓았다. '은퇴 부자'와 '은퇴 빈민'의 현역 시절 생활을 추적해 분석한 것인데, 여기서 제시된 수치를 참조해 자산 운용 계획을 점검해 볼 것을 추천한다.

조사 대상은 일본 도심부에 거주하는 60~65세의 정년퇴직자 남성 300명으로, 이들을 현재의 예금 보유액을 기준으로 삼아 세 계층으로 나눴다. '은퇴 부유층'은 3000만 엔 이상(약 3억 원)으로 전체의 29.0%, '은퇴 중산층'은 1000만 엔~ 2999만 엔(약 1억~3억 원 미만)으로 29.7%, '은퇴 빈곤층'은 1000만 엔 미만(약 1억 원 미만)으로 41.3%였다.

이 기사에서는 계층별로 그들의 퇴직 전 경제생활이 어떠했는지 심층 조사했다. 분석 결과를 보면 은퇴 부자와 은퇴 빈민의 갈림길이 확연하게 드러난다.

먼저 '밑천' 점검부터 해 보자. 이들이 30세였던 시점의 저축액을 비교해 보니 계층별로 선명한 차이가 있었다. 은퇴 빈민층의 43.6%가 저축액이 '100만 엔 미만'이었다고 답한 데 비해 은퇴 부유층은 1000만~1499만 엔의 높은 저축액을 보유했던 이들의 비율이 26.4%나 됐다.

연봉의 추이는 30세 시점에서 두 계층 모두 300만~499만 엔이 가장 높은 비중을 차지했다. 그러나 40세가 되면 차이가 크게 벌어진다. 은퇴 부유층의 연봉이 40세부터 급증하는 경향이 나타난 것이다. 직장에서는 대개 35세 이후 출세자와 비출세자가 갈리기 시작해 40세 이후 연봉에서 차이가 벌어지는데, 그 차이가 결국 노후

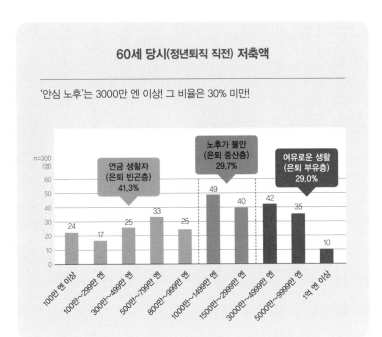

60세 당시(정년퇴직 직전) 저축액

'안심 노후'는 3000만 엔 이상! 그 비율은 30% 미만!

n=300
(명)

연금 생활자 (은퇴 빈곤층) 41.3%
노후가 불안 (은퇴 중산층) 29.7%
여유로운 생활 (은퇴 부유층) 29.0%

- 100만 엔 이상: 24
- 100만~299만 엔: 17
- 300만~499만 엔: 25
- 500만~799만 엔: 33
- 800만~999만 엔: 25
- 1000만~1499만 엔: 49
- 1500만~2999만 엔: 40
- 3000만~4999만 엔: 42
- 5000만~9999만 엔: 35
- 1억 엔 이상: 10

자금의 차이로 이어지는 것이라고 전문가들은 풀이했다.

이직 횟수가 많을수록 노후 자금 비축에 불리하다는 결과도 흥미롭다. 한 회사에서만 근무하다 정년퇴직한 비율을 보면 은퇴 부유층이 56.3%, 은퇴 빈곤층은 35.5%로 부유층 쪽이 상당히 높았다. 반면 '3회 이상' 이직한 경우는 은퇴 부유층이 8.0%에 그친 데비해 은퇴 빈곤층은 30.6%에 달했다.

전문가들은 외국 기업의 경우 이직은 곧 커리어 상승이라는 인식이 있지만 국내 기업의 현실은 그것과 많이 다르다고 지적한다.

이직과 동시에 그동안 특정 회사에서 쌓아 올린 경력이 백지화될 가능성이 크다는 것이다. 따라서 이직 횟수가 적은 사람들이 자산을 형성하는 데 더 유리하다는 분석이다. 이직 횟수는 퇴직금에도 결정적인 영향을 미쳤다.

퇴직 전 계층별 자산 운용 행태는 다소 의외의 결과를 보였다. 은퇴 부유층이 은퇴 빈곤층보다 주식, 채권 투자 등을 통해 더 도전적으로 자산을 운용했으며 개시 연령도 낮았다. 40세 이하 자산 운용 경험자가 은퇴 부유층은 61.5%, 은퇴 빈곤층은 46.8%였다.

노후 저축을 시작한 연령은 역시 은퇴 부유층 쪽이 빨랐다. 40대

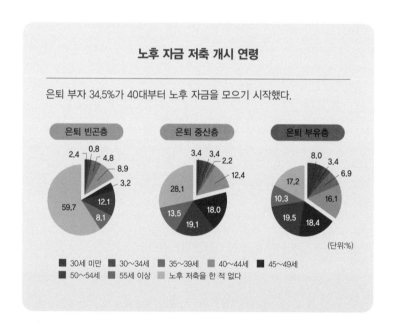

중반 이전에 시작했다고 응답한 비율이 은퇴 부유층에서는 34.4%, 은퇴 중산층은 21.4%, 은퇴 빈곤층은 16.9%였다.

주택 보유 상황과 노후 자금 관계는 어떨까. 은퇴 부유층일수록 첫 주택 구입 당시 연령이 낮았다. 은퇴 부유층의 52.9%가 34세 이전에 주택을 마련한 것으로 나타났다. 반면 은퇴 빈곤층은 29.8%만이 34세 이전에 주택을 구입했다.

이에 대해 전문가들은 "현재 60~65세인 은퇴자들이 30~40세였던 당시는 주택 가격이 급상승하던 시기였다. 당시 주택을 구입한 사람은 적지 않은 매매 차익을 얻어 노후 자산을 만드는 데 유리했다"고 분석했다. 1990년 중반 이후에는 버블경제가 붕괴해 집값 상승을 통한 차익을 볼 가능성이 없어졌다는 것이다.

주택 대출금 완전 변제 시기도 은퇴 후 부자와 빈민을 가르는 중요한 요소였다. 은퇴 빈곤층일수록 은퇴 이후까지 대출이 남아 있는 경우가 많았다. '상환 종료 시기 60세 이상, 여전히 상환 중'이라고 답한 이들이 은퇴 빈곤층에 가장 많이 분포했다(34.1%). 이에 대해 전문가들은 빈곤층일수록 대출 기간을 장기로 하는 경우가 많다고 지적했다.

마지막으로 소비에 대한 태도를 들여다보자. 역시 돈이 많은 사람들은 돈에 대한 관심이 높았고 계획적인 소비를 하는 경향을 보였다. 은퇴 부자들은 또 돈을 쓰는 대상이 물건보다는 가족 여행이

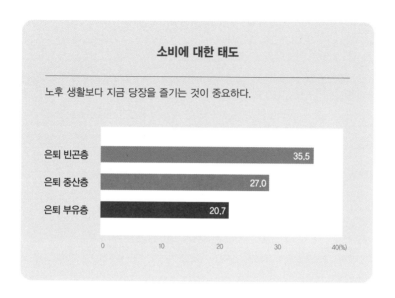

소비에 대한 태도

노후 생활보다 지금 당장을 즐기는 것이 중요하다.

은퇴 빈곤층	35.5
은퇴 중산층	27.0
은퇴 부유층	20.7

0   10   20   30   40(%)

나 레저와 같은 '체험' 쪽에 기울어 있었다. 현재와 미래를 대하는 의식에도 차이를 보였는데, '노후보다 지금의 생활이 중요하다'고 응답한 비율이 은퇴 빈곤층은 35.5%로 가장 높았고, 은퇴 중산층은 27.0%로 다음을 이었으며 은퇴 부유층은 20.7%로 가장 낮았다 (나머지 기타 응답). 은퇴 부자들은 현재를 일부 희생해서라도 미래를 위해 준비하려는 성향이 강했던 것이다.

노후를 위협하는
6가지 적

노후 자금을 충분히 마련했다고 해도 행복한 노후를 위협하는 '적' 이 예상치 못한 순간에 등장할 수 있다. 일본의 한 잡지 기사에서 은퇴자들의 노후 생활을 힘들게 할 수 있는 잠재 위험 요소 6가지 를 골라 소개했는데, 대부분 우리도 노후에 맞닥뜨릴 수 있는 것들 이다. 이 잠재 위험 요소를 '노후를 위협하는 6대 적'이라 이름 붙 여 정리해 보았다.

6대 위험 요인은 첫째, 연금액 감소. 둘째, 주택 거래 불가능. 셋 째, 의료비 증가. 넷째, 간병 비용 증가. 다섯째, 정년 연장 및 재취 업 난항. 여섯째, 무직 자녀 케어다. 이 기사에서는 각 위험 요인의 퇴치법도 함께 제시하고 있다.

줄어드는
연금
—

일본의 퇴직 회사원 평균 연금 수령액은 월 22만 엔(약 220만 원, 2018년 후생노동성 발표)이다. 이 금액은 직장인 1인당 월평균 수입 (34만 8000엔)의 62.7%에 해당한다. 연금의 소득 대체율이 62.7% 라는 이야기다.

그런데 전문가들은 앞으로 연금의 소득 대체율이 50% 밑으로 떨어질 것이라 예상하고 있다. 2035년이 되면 대체율이 50%까지 떨어져 평균 연금 수령액이 17만 엔 정도 될 것으로 추산했다. 연 금을 더 거둬 현상 유지시키는 방법도 있지만 일본 정부는 개인이 안아야 할 '부담 증가'보다는 '수령액 감소' 쪽을 선택했다.

특히 자영업자와 직장인의 연금 수령액 차이가 더욱 벌어질 것 으로 전문가들은 내다보고 있다. 이는 '세대 간 차이'가 아니라 '세 대 내 차이'도 커질 것이라는 의미로, 그 결과 자영업자의 연금 생 활은 더 힘들어질 가능성이 높다. 국민연금 고갈이나 감소에 대한 우려가 끊임없이 불거지고 있는 우리나라 역시 낙관할 수만은 없 는 상황이다.

이에 대한 대책은 없는 걸까? 사실상 절약하거나 저축을 늘리거나, 이도 저도 할 수 없다면 계속 일하는 수밖에 없다. 연금 생활자는 매년 평균 70만 엔(약 700만 원)의 초과 지출이 예상된다. 퇴직 후 25년을 생활한다고 가정하면 총 1750만 엔(약 1억 7000만 원)의 별도 자금이 필요하다는 얘기다. 대기업에서 근속한 사람이라면 어떻게든 퇴직금으로 이를 메우는 것이 가능하지만 중소기업 퇴직자 같은 경우는 결국 개인 연금이나 노후 저축으로 대비할 수밖에 없는 것이 현실이다.

팔리지 않는 집

'노후에 돈 없으면 집 팔아 마련하면 된다'는 말은 일본에서 이미 옛날이야기가 된 지 오래다. 요즘 노인 대국 일본의 골머리를 썩이는 문제 가운데 하나가 늘어나는 '빈집'이다. 일본 전체 가구 수에서 빈집이 차지하는 비율이 전국 평균 13%를 넘어섰다. 전체 주택 수가 6000만 채 정도니 대략 780만 채가 사람이 살지 않는 '폐가'라는 것이다.

물론 빈집이 도시보다 농촌에 몰려 있긴 하지만 도쿄 도심의 빈집 문제는 그냥 지나칠 수 없는 상황까지 와 버렸다. 도쿄의 일부

구청은 빈집 관리나 해체를 하는 기관에 지원금까지 주며 문제 해결을 위해 애쓰고 있는 실정이다.

빈집 문제는 일본에서 부동산이 노후 자금으로 대체되는 시절이 끝났음을 방증한다. 이런 상황에서 주택의 자산 가치는 계속해서 하락할 수밖에 없다고 부동산 전문가들은 확신하고 있다.

그럼 어떻게 하면 좋을까. 정답은 '팔 수 있다면 당장 파는 것이 좋다'다. 도쿄 도심의 알짜배기 땅이나 일부 개발 이익이 예상되는 특별구역이 아니라면 속상하더라도 지금 파는 게 그나마 남는 장사라는 설명이다. 일각에서는 일본 주택 가격이 앞으로 20년 동안 매년 2% 하락할 것이라는 전망도 내놓고 있다. 초고령화 사회 진입을 목전에 둔 한국 사회의 부동산 전망도 긴 안목에서 따져 봐야 한다.

증가하는
간병 비용

일본의 고급 노인 요양 시설인 '유료有料 노인홈'과 같이 좀 괜찮은 민간 간병 시설은 못해도 1인 월 20만 엔(약 200만 원) 정도의 비싼 비용을 지불해야 한다. 최근 가격이 내려가고는 있지만 은퇴 부자나 거액의 연금 수급자가 아니면 입주하기 어렵다. 지방자치단체

행복 노후를 위협하는 6가지 적

1. 줄어드는 연금

– 노후 저축이 없으면 계속 일할 필요가 있다.

2. 안 팔리는 집

– 팔 수 있을 때 즉시 매각하라.

3. 증가하는 간병 비용

– 최대한 '재택 간병' 상황을 만들어라.

4. 늘어나는 의료 부담

– 보험 추가보다 저축하는 편이 낫다.

5. 쉽지 않은 정년 연장과 재취업

– 네트워크보다 일의 전문성이 핵심이다.

6. 챙겨야 할 무직 자녀

– 자녀의 서바이벌 플랜을 위해서 노후 계획을 수정하라.

등이 운영하는 공적 요양 시설도 월 10만 엔(약 100만 원) 정도를 지불해야 한다. 이 또한 만만치 않은 액수다.

그래서 일본 정부는 간병 문제 해결을 병원이나 시설 간병에서 '재택 간병' 쪽으로 유도하고 있다. 재택 간병은 보통 월 6만 5000엔(약 65만 원) 정도가 드는데 이것도 혼자서 거동이 가능한 경우, 특히 스스로 화장실에 갈 수 있는 사람에 한정된 이야기다. 재택 간병에 대개 수반되는 '주간 간병 서비스 센터'를 이용한 통근 간병의 경우 자력으로 배변이 안 되면 요금이 크게 올라가기 때문이다. 이를 두고 전문가들은 간병 비용이라는 강적을 퇴치하기 위해 '최후의 존엄', 즉 자력 배변을 지킬 수 있는 신체 유지가 가장 중요하다고 강조한다.

늘어나는
의료비 부담

일본은 2014년 4월부터 70~74세 고령자의 의료보험 자기부담 비율을 10%에서 20%까지 순차적으로 끌어올리겠다고 발표했다. 그만큼 고령자에게 의료비 부담이 늘어나는 것이다. 일본의 연간 의료비는 총 40조 엔(약 400조 원)으로 이 중 절반 이상이 65세 이상 고령자에게 들어가는데, 특히 75세 이상부터 의료비 지출이 급격히 늘어난다.

그러나 전문가들은 일본의 의료 재정이 어렵긴 해도 일반인에게 개인 부담률을 20% 이상 떠안길 수는 없을 것이라고 전망한다. 부담 증가분의 상당 부분이 고액 소득자나 자산가를 대상으로 부과될 가능성이 높다는 것이 이들의 분석이다.

따라서 일반인이 의료비 증가에 대비한다며 의료 관련 보험을 추가로 드는 것은 바람직하지 않다. 일본의 공적 의료보험 보장은 다른 나라에 비해 두텁기 때문에 차라리 그 돈은 저축해 두고 노후 의료비에 대비하는 것이 현명하다는 말이다. 국민건강보험의 경우 우리나라 또한 세계적인 수준이다. 민간 의료보험을 추가적으로 과도하게 든 건 아닌지 체크해 볼 필요가 있다.

정년 연장과
재취업의 어려움

일본의 정년 연장과 재취업의 문은 갈수록 좁아질 전망이다. 이유는 지원자가 계속해서 늘어나고 있어서다.

2013년 일본은 '고령자고용안정법 개정안'을 만들어 65세 정년을 의무화했지만 대부분의 기업이 정년 연장보다는 '정년 후 재고용' 쪽을 택하고 있다.

정년 후 재고용 시장도 그리 낙관적이지 않다. 재고용이라고 하지만 처우는 냉혹한 것이 현실이다. 대개 보너스가 없고 연봉도 기존에 비해 40%가 줄어든다. 중소기업은 20%가량, 대기업의 경우 60%까지 줄어든다고 한다. 이는 대기업 직원일수록 박탈감이 크다는 이야기다. 직위도 촉탁 사원과 같이 초라한 데다 심한 경우

책상 위치도 사무실 창가 구석진 곳이 주어지기도 한다.

이렇게 푸대접받는 재고용 사원들은 전문성이 부족하거나 현역 시절 자신의 업무 능력을 개발하기보다 사내 파벌과 인적 네트워크에 역량을 쏟아부었던 경우가 많다. 이에 반해 업무 전문성을 가진 '능력 있는 고령 사원'은 높은 대접을 받을 수 있다. 따라서 전문가들은 퇴직 전 자신의 능력을 객관적으로 평가해 보고 현역 시절 자신의 업무에 전문성을 더 높이는 노력이 필요하다고 말한다. 또 재취업을 하고자 할 때는 본인이 '하고 싶은 것'보다 '할 수 있는 것'에 초점을 맞추는 게 현명하다고 조언한다.

무직 자녀의
등장
—

우리의 상황에서는 아직 생소할 수도 있지만 일본에서는 부모에게 생계를 기대는 '나이 든 무직 자녀'들이 노후의 새로운 위협 요소로 지목받고 있다. 일을 하지 않고 취업에 대한 의지도 없는 청년 무직자인 '니트족'의 고령화 현상 때문이다.

일본의 초중등교 등교 거부자는 12만 명이 넘는 것으로 추산된다(2015년 기준). 이들 대부분은 어른이 되어서도 사회로 나가지 않는 무직 자녀 예비군이라고 할 수 있다. 또 최근 젊은이들에게서 프리터족이 계속해서 증가하고 있는데 이는 영어 free와 독일어 arbeiter를 합성한 말로 '고정 직장을 갖지 않고 아르바이트로 생계를 이어가는 사람'을 뜻한다. 이에 더해 파견사원(비정규직)의 증가 현상 또한 무직 자녀 리스크를 높이고 있다.

무직 자녀를 둔 은퇴 예비군들은 자녀와의 '서바이벌 플랜'을 세워야 한다. 이를 위해서는 노후 자산 감소가 불가피하다. 나이 든 무직 자녀를 둔 은퇴 부모들의 노후 설계는 대대적인 수정이 필요하다는 이야기다.

무직 자녀와의 동거를 위한 서바이벌 비용은 주택이 있을 경우 대략 월 10만 엔(약 100만 원), 주택 임대료를 내야 한다면 월 16만 엔(약 160만원) 체제를 갖춰 놓아야 한다. 또 무직 자녀에게 청소와 요리법 등 자취 기술을 길러 주고, 절약 습관을 키워 주는 것도 도움이 된다고 전문가들은 말한다.

일부 지자체에서는 무직 자녀 세대를 서포트해 주는 정책을 내세우기도 하는데, 이곳으로의 거주지 이전도 해결책이 될 수 있다.

20여 년간 교육비를 들여 성장시켰음에도 불구하고 그 자녀가 장년이 될 때까지 계속 뒷바라지해야 하는 쓸쓸한 현실이 우리에게도 불어 닥치지 않을까 걱정이다.

위험한 신앙,
자녀 교육의 함정에서 벗어나라

일본도 자녀 교육비가 주거비 다음가는 큰 지출원으로 꼽힐 정도로 부모들이 자녀 교육에 열을 올리며 많은 돈을 쓰고 있다. 특히 막대한 '사교육비'는 노후 생활의 질을 떨어뜨리는 주범으로 지목될 정도다.

이와 관련해 경제지 《프레지던트》가 자녀 교육과 노후 생활의 상관관계를 꼬집는 기사를 실었다. 이를 들여다보면 자녀 교육비에 대한 고민과 부담은 일본이나 한국이나 크게 다르지 않다는 것을 알 수 있다.

일본에서는 자녀 교육에 얼마나 많은 돈을 투자할까. 일본 역시 공립학교와 사립학교의 교육비 차이가 매우 크다. 그래서 일반적으로 교육비 부담에 대한 얘기를 할 때 사립학교를 예로 드는 경우가 많다.

우리나라 교육부에 해당하는 일본 문부과학성의 '학생 학습비용 조사'(2010년 기준)에 따르면 사립 초등학교의 연간 학비는 약 147만 엔(약 1500만 원)으로 공립 초등학교보다 무려 4.8배가 많았다. 이는 학원, 개인 과외 등 사교육비를 제외한 금액이다.

중학교의 경우 공립의 2.8배인 연간 약 128만 엔(약 1300만 원)이 들어갔다. 사립 고등학교는 그보다 좀 적었는데, 1년에 약 92만 엔(약 920만 원)으로 공립 고등학교의 2.3배 수준이었다.

자녀 한 명을 12년간 사립학교에 보낸다고 가정했을 때 학비만 총 1542만 엔(1억 6000만 원) 정도가 들어가는 셈이다. 그래서 일본에는 자녀를 좋은 대학에 입학시킬 목적으로 유치원부터 고등학교까지 사립학교에 보냈는데, 막상 좋은 대학에 진학시키려고 보니 돈이 바닥나 대학 입학금을 대지 못한다는 뼈아픈 농담이 있을 정도다.

한국에서는 자녀 교육비에 일반적으로 대학 등록금도 포함시키지만, 일본은 사정이 다르다. 일본에서는 여유 있는 가정이 아니면 부모가 대학 학비를 부담하기 힘들어 학생 스스로 방법(국가에서 빌려 주는 장학금 등)을 찾아 마련하는 비율이 훨씬 더 높다. 그런 면에서 한국 부모들의 자녀 교육비 부담은 일본 부모보다 더 크다고 할 수 있다.

어쨌든 일본 역시 자녀의 사교육비 부담이 크다 보니 자녀 교육에 대책 없이 돈을 쏟아붓다가 자신의 노후가 파탄 날 수도 있다고 걱정하는 목소리들이 크다. 100세 시대를 맞으면서 점점 더 길어지는 노후의 생계 문제에 대한 불안감이 더 증폭됐기 때문이다.

그 결과 요즘 일본 부모들의 자녀 교육비에 대한 생각이 점차 바뀌어 가고 있다. 기사에서는 "요즘 자신의 가계 상태를 냉정히 분석하다가 자녀의 사립학교 진학을 포기하는 부모들이 늘고 있다"고 그 분위기를 전했다.

전문가들은 "아이를 무리하게 사립학교에 진학시켜 가계를 어렵게 만드는 것보다 공립학교 진학으로 생긴 여유를 가족 여행이나 외식 등을 즐기는 데에 사용함으로써 가족이 함께 보내는 시간을 늘리고, 원만하고 화목한 가정 분위기 속에서 교육하는 것이 자녀들의 공부 의욕을 더 높일 수 있지 않겠느냐"고 조언했다.

그런데 일본은 지금 부모 세대보다 조부모 세대, 다시 말해 단카이 세대의 자녀와 손주에 대한 교육열이 더 뜨겁다는 문제도 있다. 이들 세대는 부모가 고생을 하더라도 자녀에게는 좋은 교육을 시켜야 한다는 '사립학교 신앙'을 갖고 있다.

사립학교 신앙이란 '초중고 시절 친구가 장차 사회에서 훌륭한 인맥이 되고 그런 인맥을 갖고 있어야 일류 기업에 취직이 가능하며 나아가 성공적인 사회생활을 할 수 있다'는 다소 맹목적이고 신앙심에 가까운 생각을 가리킨다.

하지만 전문가들은 자녀 교육에 대한 이런 신앙심이 노후 준비를 어렵게 만들어 빈곤한 노후 생활의 원인이 될 수 있다고 경고하면서, 사립학교에 보내는 것이 곧 자녀의 성공을 보장하던 시대는 끝났다고 강조한다. 또 요즘은 일류 기업에 들어간다고 해도 예전처럼 편히 정년을 보장받던 시절과는 사정이 매우 다르다. 상황에 따라 언제든지 구조 조정을 당할 수 있기 때문에 평생 현역으로 살수 있는 전문적인 기술을 갖추는 것이 100세 시대를 준비하는 더 현명한 방법일 수 있다. 자녀 교육에 관한 이 기사 속 조언은 한국에도 그대로 적용된다.

"아이의 장래는 부모가 결정하는 게 아니다. 물론 아이들이 어릴 때 스스로 장래를 결정하는 것은 쉽지 않다. 따라서 부모가 할 일은 자녀가 세상을 접할 기회를 많이 만들어 주고 여러 가지 직업에 대해 알려 주며 또 공부할 수 있도록 해 줌으로써 스스로 인생을 펼칠 수 있는 다양한 길을 제시해 줘야 한다. 일류 기업에 들어가는 것만이 성공은 아니며 그런 삶이 인생의 전부가 아니지 않은가."

50대부터는
금전 감각을 바꾸어라

50대에 들어서면 은퇴 후 삶을 위해 생각보다 준비해야 할 것들이 많다. 그중에서 가장 중요하면서 급선무인 것은 노후 생활 자금일 것이다. 이를 위해 앞선 설명처럼 노후에는 한 달 생활비로 얼마나 들어가며 수입은 얼마나 될지 '노후 가계부'를 미리 작성해 볼 필요가 있다. 그런데 금전적으로 여유 있는 노후 생활을 위해서 반드시 준비해야 할 것이 또 있다. 바로 돈에 대한 '감각'도 젊었을 때와 다르게 가져야 한다는 것이다.

이와 관련해 은퇴 전문가 호사카 다카시 교수가 말하는 '50대부터 바꿔야 할 금전 감각'은 우리에게도 많은 시사점을 던져 준다.

1년에 한 번 이상
'노후 가계부' 점검 회의를 하라

금융 전문 주간지 《닛케이 머니》가 '노후가 불안하다'는 사람과 '노후가 불안하지 않다'는 사람들의 특징을 조사해 봤다. 그 결과 이 두 그룹의 가장 큰 차이, 다시 말해 불안함의 정도는 노후 생계비에 대해 얼마나 구체적으로 '파악하고' 있느냐에 따라 달라지는 것으로 나타났다. 노후가 불안한 사람들은 노후 자금에 대해 구체적으로 파악하려고 노력하지도 않으면서 막연하게 불안해하는 반면, 노후가 불안하지 않다는 사람들은 은퇴 후 생활 자금의 수급 상황을 분명하게 인지하고 있었다.

노후 자금에 대한 불안은 노후에 어느 정도의 수입이 생기고 생활비로 얼마가 들어가는지 세세하게 수치를 파악하고 있으면 해결의 길을 찾을 수 있다. 어떤 방식으로든 그 상황에 맞춰 미리 금전적으로 또 마음속으로도 대비할 수 있기 때문이다.

따라서 50대에 접어들면 부부가 적어도 1년에 한두 번은 '가계부 회의'를 열어 노후 자금 계획을 위해 머리를 맞댈 필요가 있다. 이런 자리를 통해 구체적으로 노후 자금 계획의 개요를 분명히 이해해 두는 것이다. 회의를 하다 보면 자신들이 세운 노후 자금 계획에 문제점이 명확하게 보일 것이다. 그러면 부부가 함께 어떻게 준비해 나갈지 방향성도 분명해진다.

고가의 물건일수록
현금을 사용하라

한창 직장에 다니고 있는 현역이라면 충동구매가 어느 정도 용인된다. 보너스를 받으면 충동구매에 들인 비용을 어떻게든 메울 수있기 때문이다. 하지만 회사를 퇴직한 후에는 어림없는 이야기다. 은퇴하면 보너스는 더 이상 나오지 않는다.

따라서 은퇴 후 생활에서는 계획적으로 구매하는 것이 정답이다. 충동구매를 하지 않는 습관을 길러 두어야 한다.

충동구매를 막는 방법의 하나로 호사카 교수는 현금 쓰는 습관을 기를 것을 추천한다. 적은 액수일수록 신용카드를 사용하고 고가 물건은 현금으로 구입하는, 일반적인 구매 습관과 정반대의 방법이 효과적일 수 있다. 비싼 물건을 구입하려고 할 때 눈에 보이는 현금을 쓰게 되면 아무래도 신중해질 수밖에 없기 때문이다.

보험은 2~3년에 한 번씩
전면 재검토하라

50세에 들어서면 현재 가입해 있는 보험을 대대적으로 재검토해볼 필요가 있다. 또 재검토하는 과정에서 필요하다면 보험 상품을

여유로운 노후를 위한 '50대 금전 감각' 7대 강령

1. 부부가 함께 '노후 가계부' 점검 회의를 하라.

2. 고가의 물건일수록 현금을 사용하라.

3. 생명 · 의료보험은 2~3년에 한 번씩 재검토하라.

4. 자녀와 손주에게 쓸데없는 돈 쓰지 마라.

5. 돈 들어가는 취미는 선택과 집중하라.

6. 50대 이후에는 절대 생활 수준을 높이지 마라.

7. 불필요한 것은 과감히 버려라.

● 금전 감각은 하루아침에 바꿀 수 있는 게 아니다. 말 그대로 '소비 습관'이기에 오랜 기간 노력이 필요하다.

재구성하는 것도 주저해서는 안 된다고 호사카 교수는 말한다.

재검토의 시점은 50세다. 이후 2~3년마다 새로 출시되는 보험 상품과 비교하면서 자신에게 맞는 보험을 찾아야 한다. 원칙은 최소한의 비용으로 최적의 보장을 받는 것이다. 50세부터는 똑똑하게 보험을 갈아타는 것만으로도 노후 생계에 큰 영향을 줄 수 있다.

자녀와 손주에게
쓸데없는 돈 쓰지 마라

최근 들어 자녀와 손주에게 적잖은 돈을 대 주는 고령자들이 늘어나고 있다. 자손이 귀한 시대, 눈에 넣어도 아프지 않을 손주를 위해서 교육비에서 해외 여행비까지 '거금'을 척척 내놓는 할머니 할아버지들이 많아진 것이다. 하지만 자녀와 손주에 대한 과도한 자금 제공은 자제하는 것이 현명하다.

그 대신 자신의 노후 자금 확보를 최우선으로 해야 한다. 너그러운 할아버지 할머니, 좋은 부모 역할을 연출하자고 쓸데없이 많은 돈을 흘려버려서는 안 된다는 얘기다. 고액 자산가가 아니라면 말이다.

특히 자녀에게는 자금 제공의 원칙을 세우고 당사자와 합의를 하는 것이 좋다. 예를 들어 '부모의 금전적 뒷바라지는 대학을 졸업할 때까지만'이라고 미리 확실한 선을 그어 두는 식으로 말이다.

나만의 취미에
'선택과 집중'하라

일반적으로 퇴직 후에는 연금 생활이 시작된다. 연금은 매월 일정액이 정해져 있다. 따라서 정해진 자금을 좀 더 풍요롭게 쓰는 '소비 습관'이 중요하다.

이렇게 한정된 자금으로 만족스러운 생활을 하려면 선택과 집중이 필요하다. 예를 들어 자신이 좋아하는 취미 한 가지에 한해서는 자금을 아낌없이 쓰고, 나머지는 검소한 생활을 하는 식으로 말이다. 자기가 좋아하는 영역에 마음껏 사치를 부려 볼 수 있다면 노후 생활의 만족도도 함께 올라갈 것이다.

50대 이후로는
생활 수준을 높이지 마라

회사원이라면 대개 50대 이후부터 정년까지는 경제적으로 여유가 있는 시기다. 그런 이유에서 이 시기에 생활 수준을 올리는 사람들이 많다. 특히 외식이나 여가 생활에 적잖은 돈을 쓰며 즐기려고 한다. '지금까지 고생했는데 이제는 시간도 돈도 있겠다, 남 눈치 보지 말고 하고 싶은 것은 하면서 살자'고 하면서 생활 수준을 올리는 것이다. 하지만 이런 발상은 위험하다. 한 번 올라간 생활 수준은 여간해서 다시 끌어내리기 어렵기 때문이다. 50대에 일상생활의 씀씀이 수준을 높여 놓으면 은퇴 후 생활이 괴로워질 수 있다는 것을 명심하자.

불필요한 것은 과감히 버리고
생활을 다운사이징하라

50대부터는 집 안에 불필요한 물건들을 대폭 정리해 삶 자체를 다운사이징할 필요가 있다. 일반적으로 나이가 들수록 물건에 대한 집착이 더 강해진다. 따라서 50세부터는 쓸모없는 물건이나 불필요한 가구들을 과감히 처분하는 용기와 습관이 필요하다.

그 실천법의 하나로 현재 살림살이 중 '앞으로 계속해서 쓸 것'과 '지금도, 앞으로도 쓰지 않을 것'을 구분해서 정리해 보자. 그러다 보면 불필요한 '과거의 물건'과 생각도 함께 정리할 수 있다. 이를 통해서 삶 전체를 슬림하게 만들어 갈 때 소박하지만 역설적으로 더 풍요로운 노후를 맞을 수 있다.

당신이 원하는
노후 생활비는 얼마인가

다른 사람들은 이상적인 노후를 보내려면 생활비가 얼마나 있어야 한다고 생각할까. 행복한 노후를 위해 현역 시절에 무엇을 미리 준비해 두고 있을까. 퇴직 이후 생활에 대해 가장 불안해하는 것은 무엇일까.

　일본의 한 고령자 주택 전문회사가 정년퇴직 후 노후 생활에 대한 사람들의 다양한 생각을 들어 봤다. 설문 시점이 2007년 7월이긴 하지만, 그해는 일본 베이비부머들의 정년퇴직이 본격화한 시기로 은퇴 후 노후 생활에 대한 사회적 관심이 가장 높았던 때다. 어쩌면 지금 우리의 상황과 비슷하다고 할 수 있다. 설문 응답자는

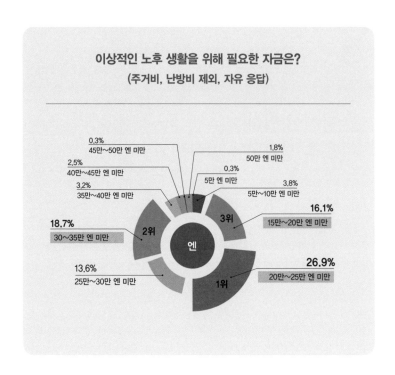

이상적인 노후 생활을 위해 필요한 자금은?
(주거비, 난방비 제외, 자유 응답)

0.3%
45만~50만 엔 미만

2.5%
40만~45만 엔 미만

3.2%
35만~40만 엔 미만

1.8%
50만 엔 미만

0.3%
5만 엔 미만

3.8%
5만~10만 엔 미만

16.1%
15만~20만 엔 미만

18.7%
30~35만 엔 미만

26.9%
20만~25만 엔 미만

13.6%
25만~30만 엔 미만

엔

1위
2위
3위

도쿄에 거주하는 30~69세 남녀 684명이다.

내가 꿈꾸는 노후 생활에는
돈이 얼마나 필요할까?

응답자들이 꼽은 이상적인 생활비는 주거비, 난방비를 제외하고 월평균 21만 5800엔으로, 우리나라 돈으로 대략 220만 원 정도다.

구간별로는 '20만~25만 엔'이 26.9%로 가장 많이 꼽혔다. 이 조사에서는 응답자 나이가 많을수록 더 많은 생활비가 필요하다고 생각하는 경향을 보였는데, 30~40대는 18만 4700엔(약 190만 원)이면 만족한다고 답한 반면, 60대는 23만 8800엔(약 240만 원) 정도는 필요하다고 답했다.

노후 생활을 위해 퇴직 전에 꼭 해 두어야 할 것은?

역시 돈이 먼저였다. 응답자의 절반이 넘는 54.4%가 노후 자금 마련을 가장 절실한 준비 항목으로 꼽았다. 실제로 응답자들이 가장 집중해서 실천하고 있는 퇴직 준비 항목 역시 '노후 자금 마련'이었다.

그다음으로는 '취미'를 꼽았다. 응답자 10명 중 4명(41.6%) 이상이 '다양한 취미를 갖는다'에 표시했는데, 이는 노후가 갈수록 길어지고 있어 취미를 통해 삶의 보람을 찾아야 한다는 생각이 반영된 것이라고 전문가들은 해석했다.

부부나 친구 관계를 돈독히 하려는 노력이 필요하다는 응답도 꽤 많았다. 그만큼 은퇴 후 생활에 있어 가족, 친구 등 주변 사람들과의 인간관계가 얼마나 중요한지 느끼고 있다는 얘기다. 그 외에

정년퇴직 후 생활을 위해 준비해야 하는 것은? (복수 응답)

노후 자금을 마련한다.	54.4%
다양한 취미를 갖는다.	41.6%
부부간 커뮤니케이션을 늘린다.	33.6%
친구와 커뮤니케이션을 늘린다.	24.3%
지역 주민과 커뮤니케이션을 늘린다.	23.0%
지역 사회 활동에 자주 참여한다.	18.4%
집을 구입한다.	17.3%
집을 리모델링한다.	11.9%
살기 좋은 지역으로 이사한다.	10.4%

집을 구입하거나 리모델링하거나 거주지를 옮기는 등 노후 주거 환경에도 관심이 많았다.

정년퇴직 후 하고 싶은 것은 '국내 여행'이 77.3%로 1위였으며, 그다음이 51.6%를 차지한 '해외 여행'이었고, '배우자와 한가롭게 보내기'가 4.5%였다.

노후 생활에서
가장 불안한 요소는 무엇일까?

가장 큰 걱정거리는 본인의 질병(77.3%)과 배우자의 질병(66.8%)인

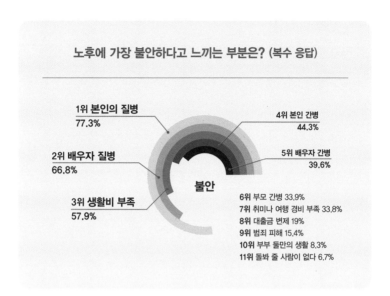

노후에 가장 불안하다고 느끼는 부분은? (복수 응답)

1위 본인의 질병
77.3%

2위 배우자 질병
66.8%

3위 생활비 부족
57.9%

4위 본인 간병
44.3%

5위 배우자 간병
39.6%

불안

6위 부모 간병 33.9%
7위 취미나 여행 경비 부족 33.8%
8위 대출금 변제 19%
9위 범죄 피해 15.4%
10위 부부 둘만의 생활 8.3%
11위 돌봐 줄 사람이 없다 6.7%

것으로 나타났다. 역시 건강을 가장 우려하고 있다는 이야기다. 간병에 대한 걱정도 많았다. 본인 간병(44.3%), 배우자 간병(39.6%), 부모 간병(33.9%)이 주요 불안 요소로 지목됐다. 평균 수명이 길어지면서 치매 환자도 덩달아 늘어나고 있는 현상 때문에 간병이 가장 두려운 불안 요소가 되고 있는 것이다.

노후의 이미지를
한자로 표현한다면?

노후에 대한 불안에도 불구하고 응답자들은 자신이 생각하는 노후의 이미지를 한자로 표현해 보라는 물음에 '낙樂'을 가장 많이 꼽았다(14.1%). '낙'은 다소 어둡고 정적인 이미지인 2위 그룹 한자어들과 큰 격차를 보였는데 순서대로 인忍이 4.7%, 정靜이 4.3%, 고苦가 4.0%를 차지했다. 특히 50~60대가 '낙'을 많이 선택했는데, 퇴직에 직면할수록 노후를 긍정적으로 받아들이고 있음을 알 수 있는 대목이다.

노후의 이미지를 한자로 표현하면? (주관식, 자유 응답)

14.1% 樂 즐거울 낙

忍	靜	悠	苦	健	穩	和	暗	安	生
참을 인	고요할 정	한가할 유	괴로울 고	건강할 건	온화할 온	화할 화	어두울 암	편안할 안	살 생
4.7%	4.3%	4.1%	4.0%	3.3%	3.1%	2.7%	2.5%	1.9%	1.9%

나 홀로 은퇴자의 가계부 엿보기

평균 수명이 길어지면서 1인 가구로 살아가야 하는 싱글 은퇴자 수도 크게 늘어나고 있다. '나 홀로 은퇴자'들이 가진 가장 큰 걱정거리는 뭘까. 살 집, 건강, 일…. 모두 다 중요한 것들이지만 가장 절실한 것은 역시 마지막까지 안정된 '일상'을 지켜줄 노후 자금일 것이다. '나 홀로 노후' 생활자를 안전하게 지켜 주는 것은 뭐니 뭐니 해도 '머니Money'뿐이기 때문이다. 특히 사회적인 노후 지원 인프라가 부족한 한국의 독거 고령자에게 '노후 빈곤'은 불안을 넘어 공포로 다가온다. 노후 가계부를 꼼꼼히 따져 은퇴 이전에 철저한 재정적 준비를 해야 하는 이유다. 그렇다면 일본 독거 은퇴자들의 실제 사정은 어떨까.

소문난 절약가인 그들은 '노후 가계부'를 어떻게 쓰고 있는지 살펴보자. 일본 독거 가구의 가계부를 엿보는 것도 한국의 '나 홀로 은퇴자'들에게 좋은 참고자료가 될 것이다.

일본 정부는 매년 '가계 조사'를 통해 1인 고령자 세대의 가계부를 파악해 발표한다. 2012년 일본 총무성의 가계 조사에 따르면 직업 없이 연금으로 생활하는 독거 고령 세대의 한 달 평균 지출은 생활비와 세금, 사회 보험료 등을 포함해 총 15만 3830엔인 것으로 나타났다. 수입은

日 60세 이상 1인 세대의 한 달 가계부

* 수입(연금 포함) : 12만 1542엔(약 121만 원)

* 지출 : 15만 3830엔(약 153만 원)

  - 식비 3만 2515엔

  - 주거비 1만 4996엔

  - 수도 · 난방비 1만 2969엔

  - 가사용품비 6038엔

  - 의복 · 신발비 5063엔

  - 의료비 8345엔

  - 교통 · 통신비 1만 1565엔

  - 교육 · 오락비 1만 6308엔

  - 기타(교제비 등) 3만 5261엔

  - 세금 · 보험료 1만 770엔

* 수지 : - 3만 2288엔(약 32만 원)

얼마나 될까. 조사에 따르면 연금을 포함한 수입은 12만 1542엔이었다. 매달 가계부 수지는 마이너스 3만 2288엔으로 적자다. 가계부 내역을 구체적으로 들여다보자. 먼저 단일 지출 항목 중 가장 큰 것은 역시 먹거리로 한 달 식비가 3만 2515엔이었다. 의외로 가장 많은 지출을 하는 항목은 교제비를 포함한 '기타 비용'으로 3만 5261엔이나 들어갔다. 기타 비용에서 가장 큰 부분을 차지하는 것은 주변인의 경조사에 들어가는 경비였다. 교통 및 통신비 또한 1만 1565엔으로 적지 않은 비중을 차지하고 있는데, 사회적 관계는 은퇴 후 삶에서도 중요한 부분을 차지하고 있음을 말해 준다. 기타 비용에는 귀여운 손주들에게 들어가는 돈도 상당한 비중을 차지했다.

또 하나 눈에 띄는 것은 교양 및 오락비가 1만 6308엔으로 큰 비중을 차지한다는 점이다. 식비의 절반이 넘는다. 노후 생활에도 여흥은 꼭 필요하다는 것을 알 수 있다. 주거비는 1만 4996엔이었는데, 물론 이것은 집을 소유한 경우다. 주거비는 개개인이 천차만별이어서 이를 평균으로 보기는 어렵다. 의료비나 간병비는 8345엔이지만 나이가 들면서 비용이 늘어날 가능성을 염두에 둘 필요가 있다고 지적한다. 이밖에 수도 및 난방비가 1만 2969엔, 세금과 사회 보험료는 1만 770엔이었다.

노후 가계부를 앞으로의 여생 전체로 확대해 보면 어떨까. 《주간 동양경제》는 2014년 3월호에서 '노후 비용 진단표'라는 것을 제시했다. 이는 65세까지 고용이 의무화됐기 때문에 노후 생활 기간을 65세에서 95세까지 30년이라 가정하고 이를 기준으로 노후 재무제표를 산출해 본 것이다. 진단표 내용을 보면 월 생활비 지출 20만 엔과 연금 수입 16만 엔을 기본 전제로 삼았다. 지출 비용은 총 10개 항목으로 생활비, 주거비, 자가용 관리비, 자녀 지원비, 취미 활동비, 의료 및 간병비, 장례비 등이다. 항목별 추산 비용 내용을 보면, 먼저 생활비 7200만 엔을 비롯하여 노인 거주 시설 입회비를 포함한 주거비에 1890만 엔, 주택 자금 지원 등 자녀 지원비에 200만 엔, 해외 여행과 취미 등에 300만 엔, 의료 및 간병비에 300만 엔, 장례식비에 300만 엔 등 총 1억 1170만 엔이 들어갈 것으로 추산됐다.

반면 여생을 위해 준비해 놓은 자금은 퇴직금, 공적 연금, 기업 연금, 일부 근로 소득(960만 엔) 등을 다 더해 9120엔으로, 노후 재무제표는 2050만 엔 '적자'를 기록했다.

결국 나 홀로 은퇴자의 한 달 가계부도, 30년 이후 노후 재무제표도 모두 '적자 인생'인 셈이다. 이런 적자 가계부에서 벗어나는 해법이 없는 것은 아니다. 적자를 메우거나 미리 준비해 사전에 예방하면 된다. 즉 전체 부족분 2000만 엔을 정년퇴직 전에 준비하거나 은퇴 이후 경제 활동을 통해 수입을 올리는 등 대책을 마련할 필요가 있다. 이도 저도 방법이 없다면 살고 있는 집을 담보로 제공하고 금융기관에서 매월 일정액의 생활비를 융자 받아 살다가 사망 시 매각하여 정산하는 대출상품인 역모기지 제도를 활용하는 방법도 있다. 이를 잘만 이용하면 적자를 상당 부분 해소할 수 있기에 은퇴하기 전 주택 마련은 필수다.

4부 관계

새로운 인연이
새로운 인생을 선물한다

좋아하는 것에서
새로운 만남을 시작하라

퇴직자들에게 은퇴 후 가장 중요한 인간관계는 무엇일까? 물론 어떤 인간관계를 중요시 여기는지는 사람마다 다 다를 것이다. 평생을 함께한 가족과의 관계, 즉 '혈연'을 꼽는 사람이 있는가 하면 수십 년을 동고동락한 직장 동료와의 관계, 즉 '직연'을 제일이라 생각하는 사람도 있을 것이다. 하지만 이렇게 중요하게 생각하는 혈연과 직연이 과연 퇴직자들의 행복한 은퇴 생활을 보장해 줄 수 있을까? 결론부터 이야기하자면 그 답은 부정적이다.

먼저 혈연부터 보자. 은퇴 후 인간관계를 말할 때 혈연이라고 하면 대체로 부부 관계를 말한다. 그런데 인생의 터전을 '회사'에서 '집'으로 옮긴 은퇴자들이 가장 낯설어하는 것이 바로 하루 종일 아내와 대면하는 시간이라고 한다. 하지만 이 '낯섦'이라는 것이 아내들에게는 더욱 큰 문제로 다가온다.

'은퇴 가장의 등장'은 아내에게는 일상의 리듬을 크게 흔들어 놓는 '대사건'이라고 할 수 있다. 미안한 이야기지만 외부 활동이 특히 잦은 아내일수록 퇴직한 남편이 귀찮고 부담 백배인 존재가 될 수 있다.

일본의 한 시니어 잡지가 은퇴 가정의 남편과 아내를 대상으로 의식 조사를 했는데, '은퇴 후에 여행은 누구랑 다니고 싶은가?'라는 질문에 남성의 90%가 '아내'라고 답한 반면 여성의 절반 정도가 '친구나 자녀'를 꼽았다.

정신과 전문의들의 말을 빌리면, 가정으로 귀환한 은퇴 가장들이 가장 받아들이기 힘든 상황이 '아내가 자신만의 시간을 갖는 것'이라고 한다. 또 퇴직 남편이 '아내의 사적인 시간'을 인정하는 데 따르는 심적 고통이 상상 이상으로 크다는 전문가들의 지적도 있다. 이 흥미로운 진단을 보면 아내의 사적인 시간에 대한 퇴직 남편들의 심리는 복잡 미묘한 것이란 생각도 든다.

평생을 함께한 부부라고는 하지만 사람과 사람 사이에는 생각의 차이가 존재하며 그로 인해 '가족의 연'이 반드시 행복한 은퇴를 보장해 주지 않는다고도 말할 수 있다. 더구나 평생 '가족 부양'을 제대로 하지 못했던 은퇴 남성들의 경우는 더 말해 뭐할까.

'직장의 인연'은 어떨까? 직장에 다니던 시절의 인간관계는 직장 문을 떠남과 동시에 유효기간이 만료된다고 생각하면 거의 틀리지 않는다. 직장에 다닐 때 정말 가까운 사이였으니 은퇴 후에도 계속해서 좋은 관계를 유지할 수 있을 것이라는 생각은 너무 무르다.

그럼 행복한 은퇴 생활을 보장하는 가장 중요한 인간관계는 뭘까? 혈연도 직연도 아닌 '제3의 인간관계'라고 일본의 은퇴 및 고령화 전문가들은 강조한다. 가족, 직장과 무관하게 별도로 자기만의 인연을 서둘러 만들어 두는 것이 '해피 리타이어'의 핵심이라는 것이다.

이와 관련해서 사회학자이자 고령사회 전문가인 우에노 지즈코上野千鶴子 도쿄대학교 명예교수가 내놓은 주장이 상당히 흥미롭다.

> 제3의 인연이라고 해서 꼭 이웃들과 사이좋게 지내려고 애쓸 필요는 없다. 도시화의 매력은 마음에 맞지 않은 이웃과 사귀지 않아도 된다는 점이다. 상황에 따른 '용도별 파트너십'을 구축하는 것이 현명한 방법이다.

그의 말 중에 눈에 띄는 것이 '용도별 파트너십'이라는 용어인데, 이것은 은퇴 이후 일상의 다양한 분야를 함께하는 분야별 인간관계를 말한다.

우에노 교수는 용도별 파트너십, 즉 제3의 인간관계는 '교양 파

트너십, 전문가 그룹 파트너십, 스포츠 파트너십, 식사 파트너십'
등 자신이 필요로 하는 '일상생활과 관련된 모임'이라고 설명한다.
예컨대, 교양 파트너십의 경우 전통문화, 오페라, 연극, 영화 등으
로 장르를 세분화하고 그 분야의 프로가 해설을 위해 동반하는 것
등도 제3의 인간관계에 해당한다.

우에노 교수는 이 같은 용도별 파트너십을 구축할 때의 주의점
으로 회원들의 이해관계가 개입되지 않도록 유의해야 한다고 강조
한다. 은퇴 후 모임에서는 이해관계가 그렇게 중요하지 않기 때문
이다. '제3의 인간관계론'은 퇴직 남성들뿐 아니라 홀로 사는 여성
을 포함한 독신자들에게도 훌륭한 '행복 은퇴 전략'으로 손색이 없
다. 일본 은퇴 전문가들이 말하는 제3의 인간관계, 직장 밖 인연 만
들기의 중요성은 한국의 은퇴 예비군들도 새겨들을 만한 이야기가
아닐까.

얕으면서 담백한
인간관계가 답이다

정년퇴직을 하면서 느끼는 가장 큰 변화는 아마도 당장 맞닥뜨리게 되는 일상, 그 자체일 것이다. 그중에서도 매일 아침 출근하지 않아도 된다는 것은 체감도가 가장 큰 일상의 변화다. 이제는 특별한 용무가 없다면 집에서 하루 종일 빈둥거려도 아무도 뭐라고 하지 않는다. 하지만 그 홀가분함도 길어야 일주일. '이건 아닌데…' 하는 생각이 들지도 모른다.

몸은 편하게 쉬고 있는데도 뭔가 개운치 않고 찜찜한 이유는 '사람과의 만남이 현저히 줄어들었기 때문'이라고 은퇴 전문가들은 얘기한다. 직장에 다녔을 때처럼 일이 끝난 뒤 '가볍게 한잔할까?'

라고 말을 걸어 볼 상대가 이제는 없다. 그렇다고 누구나 동네에 아무 용무 없이 간단하게 술 한잔할 수 있는 지인이 있는 것도 아니다. 일상은 끝없이 무료해지고 뭔가 잘못 돌아가고 있다는 생각이 들 수밖에 없다.

그래서 은퇴 전문가들은 늦어도 50세부터 인간관계를 '은퇴형'으로 바꾸라고 조언한다. 퇴직하면 지금의 직장이나 회사 일과 관련된 인연은 대부분 사라진다. 따라서 은퇴 이후 일상을 지탱해 줄 인간관계를 미리 준비하는 것이 중요하다.

은퇴형 인간관계 구축에서 가장 중요한 것은 바로 '시기'다. 늦어도 50세부터는 새로운 인간관계를 만들기 위한 스타트 라인에 서야 한다. 알다시피 인간관계라는 건 혼자서 마음먹는다고 하루아침에 만들어지는 게 아니다. 나무를 키울 때도 어린 묘목에 물을 주고, 혹시 상처가 생기지는 않았는지 돌보고, 때때로 양분도 줘 가면서 정성스레 키우는데 살 만큼 산 50대는 오죽할까. 이것 또한 꾸준한 관심과 긴 시간이 필요하다.

그럼 은퇴형 인간관계는 어떻게 만들어야 할까? 은퇴 전문가들이 강력 추천하는 것이 1부에서 말한 '지역 데뷔'다. 도심에 있는 직장으로 출퇴근 생활을 하다 보면 자기가 살고 있는 지역 사람들과는 인연을 맺을 일이 거의 없다. 내가 사는 지역은 말 그대로 '베드타운'일 뿐이다. 하지만 은퇴를 하면 베드타운이 하루 중 대부분의 시간을 보내는 '라이프 타운'으로 바뀐다. 처음으로 지역 사회에 데뷔를 하는 것이다.

이미 지역 내 인간관계에 기반을 갖고 있는 사람이라면 퇴직을 하더라도 인간관계에 공백이 생기지 않는다. 다양한 지역 사회 활동에 참여하면서 풍요로운 노후를 보낼 수 있다

구체적인 지역 데뷔 방법으로는 구청, 지역 도서관 홈페이지나 지역 정보지 등을 통해 지역 활동 정보를 챙기는 것이 있다. 현역에 있을 때 미리 지역 봉사 활동이나 취미 동호회 같은 모임에 참여해 은퇴형 인간관계를 만들어 둬야 한다.

은퇴형 인간관계 만들기와 관련해 또 하나 중요한 키워드를 들자면 '지근거리 친구'가 있다. 자기가 사는 곳에서 비교적 가까운 거리에 살고 아무 때나 부담 없이 편하게 만날 수 있는 친구를 많이 만들어 두는 것이다. 전철(지하철)의 나라 일본에서 '지근거리'란 전철을 타지 않아도 만날 수 있는 거리를 말한다.

학교 동창이든 직장 동료든 상관없다. 다만 지근거리에 있어야 하고, 일과 무관하게 마음을 터놓고 부탁할 수 있고, 이해관계가 전혀 얽히지 않은 순수한 관계면 적합하다. 그래야 평소 교류할 때 부담이 없을 뿐 아니라 건강 문제나 긴박한 일이 생겼을 때 재빠른 대응이 가능하다.

지근거리 친구를 만드는 방법 중 하나는 휴대전화에 저장돼 있

50세부터는 은퇴형으로

1. '지역 데뷔'

2. 키워드는 '지근거리 친구'

3. 회사 명함은 버릴 것

4. '얕으면서 담백하게'가 안전

● 은퇴 후에는 인간관계를 맺는 패턴도 달라져야 한다. 현역 때의 방식을 고수하면 초라한 시간을 보낼 수밖에 없다.

는 번호 주인을 한 명 한 명 곱씹어 보면서 '지근거리 친구'가 될 수 있는지 가능성을 타진해 보는 것이다. 해당되는 사람이 없다면 지금부터 지역 행사에 자주 참여하면서 지근거리 친구 후보들을 양성해 보자.

지근거리 친구도 지역 데뷔와 마찬가지로 '나에게 필요하구나' 하고 갈급함을 느낄 때 만들기 시작하면 이미 늦다. 적어도 50세부터는 시작해야 한다.

50세 이후로 은퇴형 인간관계를 만들어 갈 때 머리에 꼭 담아 둬야 할 주의 사항 2가지가 있다. 첫째는 회사 명함을 꺼내지 말라는 것이다. 같은 지역에 산다는 공통분모를 바탕으로 만나는 인간관계에서 직장명이나 직함은 불필요하다. 오히려 위화감을 조장해서 인간관계를 만드는 데 방해물이 될 수 있다. 대화 주제도 회사 일이나 정치, 종교 등 개인의 가치관에 관련된 것보다는 일상적인 잡담이나 취미 이야기 수준에 그치는 것이 좋다.

둘째는 너무 가깝거나 친밀한 관계도 금물이라는 것이다. 사적인 일에 깊이 개입하거나 관여하다 보면 관계가 어긋날 가능성이 높아지고 상처를 남길 수도 있다고 전문가들은 조언한다. '얕으면서 담백한 관계'가 오히려 안전하다는 얘기다. 이를 위해서는 서로 필요 이상의 선물이나 호의를 베푸는 것도 자제하는 게 좋다.

혼자가 되어도
즐겁게 잘 사는 10가지 원칙

노후의 공포는 돈에서만 오는 게 아니다. 나이 들어 혼자가 되는 것을 불안해하는 사람이 많다. 몸도 마음도 쇠약해졌는데 주위에 아무도 없다는 건 상상만 해도 두렵고 우울해지는 일이다. 하지만 나 홀로 노후에 대한 불안감은 잘만 대비하면 해소할 수 있다. 아니, 오히려 즐거움으로 바뀔 수도 있다.

《니혼게이자이신문》이 은퇴 전문가들의 조언을 들어 '나 홀로 노후'의 불안을 해소하는 방법을 소개한 바 있다. 이를 돈, 인간관계, 건강, 주거 4가지로 나눠 정리해 '걱정 없는 나 홀로 노후를 위한 10대 행동 강령'이라 이름 붙여 보았다.

걱정 없는 나 홀로 노후를 위한 10대 행동 강령

돈

장기 수입원과 노후 자금 확보가 열쇠

1. 혼자 사는 데 필요한 자금은 미리 산출한다.
2. 은퇴 후의 장기 수입원을 확보한다.
3. 집에서 홀로 시간을 즐기는 법을 발견한다.

인간관계

인적 안전망은 먼 친구보다 가까운 이웃

4. 이웃에는 반드시 먼저 인사한다.
5. 쇼핑은 인근 상점가를 이용한다.
6. 지역 행사에 적극 참여한다.

건강

장기 입원 처지 안 되도록 지금부터 준비

7. 일할 수 있는 건강한 몸을 만든다.
8. 만일의 사태를 대비해 보험을 들어 둔다.

주거

나 홀로 노후도 임대 생활이 가능

9. 집을 고를 때는 '가족 아파트'를 택한다.
10. 라이프 스타일에 맞춰 교외 거주도 검토한다.

돈:
수입원과 노후 자금 확보가 열쇠

혼자가 되어도 노후에 연금 수입 하나에만 의지하며 살 수는 없다. 최대한 오래 일할 수 있는 방편을 마련하거나 은퇴 후에도 계속해서 수입이 생기는 구조를 만들어 두어야 한다. 동시에 퇴직 전부터 쓸데없는 지출을 줄이고 가계부를 슬림화하는 것도 그에 못지않게 중요하다. 그러기 위해서는 첫째, 혼자 사는 데 필요한 자금을 산출해야 한다. 은퇴 후부터 연금이 지급되기 시작하는 65세까지 필요한 생활 자금을 미리 계산하는 것이 중요하다. 그런 다음 해당 자금을 마련하려면 지금부터 매달 얼마씩 저축해야 하는지 역산해 보자. 막연히 불안해할 것이 아니라 산출 결과를 보며 고민해야 해결책도 떠오른다.

둘째, 장기간 수입을 확보할 수 있는 능력을 갖춰야 한다. 한국의 경우 현재 50세의 연금 수급 개시 연령은 만 65세다(1969년생 이후 출생자 만 65세 지급). 앞으로 연금 지급 연령은 더 늦춰질 수도 있다. 따라서 안정된 나 홀로 노후를 보내기 위해 가능한 한 오래 일할 수 있는 체계를 갖춰 놓을 필요가 있다. 돈이 되는 자격증을 따 놓거나 현재 갖고 있는 기술과 전문성을 업그레이드하자.

셋째, 집에서 홀로 시간을 즐기는 법을 찾아야 한다. 집에서 혼자 무엇을 해야 즐거운지 아는 것은 나 홀로 노후를 보내는 데 없

韓 출생 연도별 연금 수급 개시 연령

출생연도	1953~ 1956년생	1957~ 1960년생	1961~ 1964년생	1965~ 1968년생	1969년생~
수급연령	만 61세	만 62세	만 63세	만 64세	만 65세

어서는 안 될 중요한 자산이다. 소소하거나 남이 보기에 조금 유치한 취미 생활이라 하더라도 나 홀로 노후에는 남의 눈을 의식할 필요가 없다는 장점이 있다. 혼자서 마음껏 즐길 수 있는 데다 돈이 많이 들지 않는 취미 생활이라면 생활비 절약 효과까지 누릴 수 있다. 즐거운 취미 생활은 나 홀로 노후를 훨씬 살맛 나게 만들어 줄 것이다.

인간관계:
먼 친구보다 가까운 이웃이 더 중요

긴급 상황에 기민하게 대응 가능하다는 것은 성공적인 나 홀로 노후의 핵심 요소다. 일상에서 일어나는 사고나 건강상의 위급한 상황에서 당장 도움이 되는 사람은 나와 가까운 곳에 살고 있는 이웃

일 가능성이 높다. 평소 집 주변에 사는 사람들과 잘 사귀어 두면 곤란할 때 혈육보다 더 긴요한 도움을 받을 수 있다.

그런 이유에서 지켜야 할 네 번째 원칙은 이웃에게는 반드시 먼저 인사하라는 것이다. 도심 아파트에서는 같은 동은 물론 같은 층에 거주하는 이웃 주민들일지라도 인사를 주고받지 않는 경우가 많다. 하지만 상대가 먼저 밝게 인사를 건네는데 그것을 무시하거나 불쾌해할 사람은 없다. 이제부터는 엘리베이터에서 얼굴을 마주치면 먼저 간단한 목례라도 하자. 가볍게 주고받는 인사가 이웃들과 거리를 좁히는 계기가 되어 준다.

다섯째, 쇼핑은 인근 상점가를 이용해야 한다. 집 근처 상점가를 적극적으로 이용해 상점 사람들과 친분을 쌓아 두자. 물건을 구매하며 담소를 나누고 가까워지는 과정에서 지역 사회의 최신 정보를 얻는 부수적인 효과도 얻을 수 있다.

여섯째, 지역 행사에 적극 참여해야 한다. 어느 날 갑자기 지역 주민 활동에 얼굴을 불쑥 내미는 것은 상당한 용기가 필요한 일이다. 하지만 용기를 내어 뛰어들어 보자. 그것이 당신의 노후 인적 네트워크를 넓혀 줄 것이다. 지역 축제와 같은 행사를 기회 삼아 지역 주민 활동에 첫발을 내디디는 것도 좋은 방법이다.

건강:
장기 입원 환자 신세만은 피할 것

나 홀로 노후의 가장 큰 적은 질병이다. 가능한 한 병원이 아닌 집에서 오래오래 생활할 수 있도록 건강에 세심한 주의를 기울여야 한다. 장기 입원하게 되면 수입이 끊겨 의료비 부담이 더욱 커진다. 건강할 때 보험을 들어 장기 입원에 대비해 두거나 평소 건강한 생활 습관을 유지하면서 장기 입원하는 상황이 발생하지 않도록 미연에 방지하는 것이 현명하다.

그러기 위해서는 일곱째, 일할 수 있는 건강한 몸을 만들어야 한다. 건강은 노후 생활의 중요한 자산이다. 올바른 식생활과 꾸준히 운동하는 습관을 갖도록 노력해야 한다. 늘 몸에 좋은 것만 먹을 수는 없지만 담배나 술과 같이 건강을 해치는 것을 피할 수는 있다. 조깅이나 걷기, 헬스 등 꾸준히 할 수 있는 운동을 찾아 평생 지속할 수 있도록 건강한 생활 습관을 들이는 것이 중요하다.

여덟째, 만일의 사태에 대비해 보험을 들어 둬야 한다. 나 홀로 노후 생활을 하면서 장기 입원이라도 하게 되면 경제적인 부담이 만만치 않다. 따라서 적절한 의료비를 보장해 주는 건강 관련 보험을 들어 두는 것이 좋다. 암과 같은 중대 질병에 대비하는 보험과 요양 관련 보험도 꼼꼼히 따져 보고 가입해 두어야 한다.

주거:
나 홀로 노후도 임차 생활이 가능

나 홀로 노후를 사는 임차 생활자의 가장 큰 걱정거리는 주거지 확보다. 하지만 최근 무주택 고령자를 위한 공영 주택이나 독거노인의 거주를 돕는 주택이 늘어나는 추세다. 무주택 고령자 거주용 주택은 앞으로 계속해서 확대될 것이다. 혼자 사는 사람이 꼭 집을 소유해야 한다며 조바심을 낼 필요는 없다는 이야기다.

아홉째, 거주지를 고를 때는 '가족 아파트'를 택해야 한다. 혼자 사는 사람들은 집을 고를 때 싱글 거주자들이 많은 아파트를 선호하는 경향이 있다. 하지만 나 홀로 노후가 예상되는 사람일수록 가족 구성원이 주로 거주하는 아파트를 선택하는 게 낫다. 나 홀로 노후에는 이웃과 관계를 맺는 게 중요하고, 그럴 때 가족이 있는 이웃이 좀 더 다가가기 수월하기 때문이다.

마지막으로 라이프 스타일에 맞춰 주거지를 바꿔 보자. 집을 임차할 때 무리해서라도 지하철역 주변처럼 교통 편의성이 좋은 곳을 선택하는 경우가 많다. 하지만 퇴직 후 직장까지 통근할 필요가 없게 되면 임차료가 싼 교외 지역으로 거주지를 옮기는 것도 좋은 선택이다. 은퇴 후에 할 수 있는 일이나 라이프 스타일에 맞춰 주거 계획을 미리 세워 둘 필요가 있다.

당신의 안전을 지켜 줄
도우미를 확보하라

예전 세대는 오랜 세월 한곳에 거주하거나 집성촌에서 생로병사를 겪는 경우가 많았다. 그래서 노년에도 가족과 친척이 든든한 버팀목이 되어 주었고 마을 공동체 등 지역 사회의 보살핌도 상당한 힘이 됐다. 그러나 핵가족 시대를 지나 '독거 시대'에 접어드는 지금, 가족과 친척, 지역 사회는 더 이상 노후 안전망이 되어 주지 않는다. 특히 우리는 북유럽처럼 복지제도가 탄탄한 것도 아니어서 국가나 지자체의 대책에 노후를 기대는 것도 현실성이 떨어진다.

그렇다면 이 모든 것을 혼자 짊어져야 하는 걸까? 고령화 선배 일본의 은퇴자들도 이런 고민을 오랫동안 해 오고 여러 가지 아이디어를 내고 있는데, 그중 흥미로운 게 하나 있어 소개한다.

 '인프라 친구'란 말 지어내기 좋아하는 일본인들이 '인프라스트 럭처infrastructure'와 '친구'를 합쳐 만든 신조어다. 인프라는 하부구 조, 하부조직이라는 의미지만 오늘날에는 경제활동의 기반이 되는 시설 및 제도라는 뜻으로 사용된다. 쉽게 말해 사회나 개인 생활을 밑에서 떠받치고 지원해 주는 여러 가지 보호 장치를 의미한다.

 이처럼 일상생활에서 인프라 역할을 하는 친구를 '인프라 친구' 라 부른다. 다소 억지스러운 말이지만 실생활에 필요한 도움을 주 는 친구들을 표현한 것이라 생각하면 된다.

 일본 유명 라이프 스타일 조사 연구소인 하쿠호도博報堂 생활종 합연구소에서 처음 '인프라 친구'라는 개념을 사용한 이후 이 용어 가 널리 회자되기 시작했다. 특히 초고령화 사회 일본에서는 '노후 안전망'으로서 인프라 친구의 필요성이 공감을 얻고 있다.

 독거 세대가 30%를 넘고, 고령화율(65세 이상 인구 비율)이 28%에 달하는 일본에서 이제 인프라 친구는 선택이 아닌 생존을 위한 필 수 조건이다. 인프라 친구를 다른 말로 '서바이벌 파트너'라고 부 르는 이유도 그 때문이다. 좀 더 쉽게 얘기하면 '생활에 도움이 되 는 친구'가 바로 인프라 친구다. 인프라 친구에게 '리스크 헤지risk hedge' 역할을 맡긴다는 것이다.

 그러면 사람들은 인프라 친구에게 어떤 도움을 원할까. 하쿠호도 생활종합연구소가 2013년 10월 전국 15~69세 남녀 3448명을 대상으로 설문 조사를 했다. 어떤 '인프라 친구'를 원하는지 묻는 조사에서 사람들은 지진이나 사고 등 긴급 사태 발생 시 피난과 보호를 도와주는 '피난 도우미'를 가장 많이 꼽았다.

다음으로 요리 등 일상생활에 도움이 되는 지식과 지혜를 전해 주는 '생활 도우미', 삶의 활력을 북돋아 주는 '힐링 도우미' 순이었다. 병원 정보, 요양 시설 안내 등 생활에 도움이 되는 정보를 제공

가장 필요한 '인프라 친구'는?

① 피난 도우미

지진이나 사고 등 긴급 사태 발생 시 피난을 도와주고 보호해 주는 역할

② 생활 도우미

요리 등 일상생활에 도움이 되는 지식과 지혜를 전수해 주는 역할

③ 힐링 도우미

인생에 허무함을 느낄 때 함께 대화하면서 삶의 기력을 북돋아 주는 역할

④ 정보 도우미

병원 정보, 요양 시설 안내 등 생활에 도움이 되는 정보를 제공해 주는 역할

- 당신에게는 어떤 친구가 있는가? 하나하나 체크하며 후보가 될 수 있는 사람들을 찾아 보자.

해 주는 '정보 도우미'도 필요한 인프라 친구로 꼽혔다.

하쿠호도 생활종합연구소는 인프라 친구 하면 떠오르는 상징적인 이미지가 무엇이냐고 묻는 조사도 함께 진행했다. 조사 대상자들에게 그 이미지를 사진 한 장으로 보내 달라고 했다.

그 결과 가장 많이 보내온 사진이 '열쇠'였다. 주로 친구한테 무슨 일이 생겼을 때를 대비해 서로의 집 열쇠를 갖고 있어야 안심이 된다는 설명이었다. 그 외에 컴퓨터, TV, 전화 사진도 많았다. 직접 만나지는 못하지만 모니터 화면이나 전화로라도 얼굴을 보면서 혼자 사는 친구의 안부를 확인하고 싶다는 의미였다.

병원 침상에서 검사를 받는 사진도 있었다. 나이 들어 혼자 지내다 보면 몸이 아파도 병원을 찾지 않아 병을 키우는 사례가 많은데, 이를 예방하기 위해 친구가 귀찮게 해서라도 검진을 받게 해 준다는 것이다.

노후가 길어지고 독거노인 시대가 확대되면서, 주변 친구의 역할도 함께 중요해지고 있다. 젊은 시절처럼 단순히 즐기자고 만나는 친구가 아니라 살면서 서로 도움을 주고받는 친구 관계가 중요해지는 시대다. 이럴 때일수록 모호한 관계에 있는 많은 수의 친구보다 단 몇 명이라도 질적으로 확실한 도움을 주고받을 수 있는 친구 관계를 정립해 보자.

시니어 학교에서
다시 쌓아 가는 인연과 추억

일본 은퇴 전문가들은 노후 생활의 좋은 인연으로 '또 하나의 동창생同窓生 만들기'를 추천한다. 친근하고 같은 추억을 품은 동창 만들기를 다시 한 번 시도함으로써 노후에도 다채로운 인간관계를 만들라는 것이다.

'동창생'이란 같은 교실에서 시간을 함께 보내며 공부한 사이를 말한다. 새로운 동창을 만들려면 다시 한 번 학교를 다녀야 하는데, 최근 일본 은퇴자들은 '또 한 번의 학교'를 매개로 새로운 인간관계를 만드는 데 적극적이다.

은퇴자들에게 등교登校는 매일은 아니지만 정기적으로 갈 곳이 있고, 그곳에 가면 함께 이야기하고 식사할 친구가 있으며, 배움의 즐거움까지 맛볼 수 있는 '일거삼득'의 효용을 제공한다. 실제로 이 같은 수요를 반영해 대학이나 평생학습기관 등에서는 시니어를 위한 정규 과정이나 특별 프로그램을 잇따라 개설하고 있다.

새로운 노년 학교 사례로 일본에서는 유명 사립대학인 릿쿄立教 대학이 언론에 자주 소개되곤 한다. 도쿄 도심에 위치한 이 대학 캠퍼스에 가면 푸릇한 청년들 사이로 머리 희끗한 장년長年의 학생들을 어렵지 않게 발견할 수 있다. 이들은 '릿쿄 세컨드스테이지 Second stage 대학'이라는 시니어 정규과정에 다니는 학생들로, 릿쿄 대학은 일찍이 2008년부터 중장년층을 위한 평생학습의 장으로서 이 과정을 개설해 운영하고 있다.

이 과정은 50세 이상 시니어를 위한 1년제 대학 프로그램이다. 정식 학위는 주어지지 않지만 일반 대학생과 다름없이 필수 선택 과목, 세미나 등 정규 수업을 들어야 하고 논문 등의 이수 절차를 거쳐야만 소정의 증서가 수여된다. 정원은 70명인데 매년 100명 이상이 지원해 높은 경쟁률을 기록하고 있다. 재학생 평균 연령은 60세가 넘는다고 한다.

이 학교의 '시니어 학생들'은 젊은이들이 꺼리는 맨 앞자리에 앉아 그야말로 '열공'한다. 때때로 젊은 학생들과 함께 수업을 듣기도 하는데, 이때 교수에게 질문 공세를 쏟는 그들의 열정 덕분에 전체적인 수업 분위기가 활기를 띤다고 한다.

릿쿄 시니어 동창생들은 공부뿐 아니라 '동아리 활동'에도 적극적이다. 대학 시절에 이루지 못했던 과거의 꿈을 찾아 나서는가 하면 특히 자원봉사의 형태로 지역 사회 문제 해결에 나서는 이들도 많다.

사회적 경험이 풍부하고 지역 사회의 문제도 잘 알고 있는 '시니어 학생 동아리'의 파워는 젊은이들 못지않다. 동아리를 통한 사회 참여는 노후에 삶의 보람을 느끼게 하는 효과가 크다고 현지 언론들은 전한다.

단순 인적 교류나 지적 호기심을 넘어 대학 과정을 통해 얻은 지식과 인맥을 통해 '새로운 인생'을 시작하는 이들도 있다. 릿쿄 세컨드스테이지 대학에는 시니어 학생들의 졸업 후 활동을 지원하는 '서포트 센터'가 있는데, 이 센터를 통해 현재 9개의 졸업생 그룹이 재일在日 외국인 지원, 고령자 시설 지원 활동 등을 펼치고 있다.

일본 문부과학성의 조사에 따르면 대학원에 재적 중인 60세 이상 '시니어 학생'들은 증가 추세를 보이고 있는데, 이는 퇴직 후 시간과 돈에 여유가 생긴 베이비부머들이 주로 대학 문을 두드리고 있기 때문이라고 분석한다. 이들이 60세가 넘어 대학으로 향하는 건 '꿈을 이루고 싶다' '젊은 세대와 교류하고 싶다' '새로운 인간관계를 만들고 싶다'는 게 주된 이유다.

대학이 아닌 추억의 초등학교 동창을 모델로 하는 새로운 학교도 있다. 2015년 일본 북부 지역 한 시골 마을에서 문을 연 '어른들의 초등학교'가 학습을 통한 은퇴자들의 새로운 인연 맺기의 성공 사례로 꼽힌다.

'열중熱中 소학교'는 우리말로 하면 '열심 초등학교'인데, 어른들의 초등학교라 생각하면 이해하기 쉽다. 폐교된 초등학교를 재활용하는 대표적인 사례로 언론에 소개되기도 한다. 개교 당시 학생이 30명뿐이었던 열중 소학교는 2019년 현재 일본 전역에 15개의 분교를 두고 있고, 학생도 1000명을 넘어섰다. 선생님은 250명 정도 되는데 이들 대부분은 각 업계에서 활동 중인 전문가들이다.

열중 소학교 입학생들의 평균 나이는 52세다. 지역에 따라 10세에서 80세까지 다양한 연령대의 학생이 수업을 듣고 있다. 학생들은 주로 해당 지역에 사는 주부와 퇴직한 남성들이고, 외지에서 장거리 통학을 하는 학생도 상당수 있다. 타 지역에서 통학하는 학생은 학습과 여행, 두 마리 토끼를 잡는 셈이다. 또 '열중 프리패스'라는 프로그램이 있어 재학생들은 전국의 어느 분교에서도 청강이 가능하다.

은퇴자 학교는 인생 경험이 풍부한 선생님과 학생이 서로 연령을 초월해 진솔한 커뮤니케이션을 나누고 배움을 주고받는 것이 가장 큰 매력이라고 할 수 있다. 젊은 시절, 여러 가지 현실적인 이유로 원하는 분야를 배워 보지 못한 사람이라면, 또는 같은 학업적 관심사를 가진 이들과 어울리고 싶다면, 수십 년 만에 다시 한 번 캠퍼스의 향기를 맡아 보는 건 어떨까.

부부생활도
새롭게 접근해야 한다

'지금까지는 회사 일 때문에 함께 보내는 시간이 적었는데, 은퇴하면 같이할 수 있는 취미를 만들어 가능한 한 아내와 많은 시간을 보내고 싶어요.'

혹시 이런 생각을 하는 예비 은퇴남이 있다면 다시 한 번 냉정하게 고민해 보길 바란다. 은퇴 후 생활에 대한 남편과 아내의 생각에 실제로는 커다란 격차가 존재할 수 있기 때문이다. 아내 앞에서 어설프게 '부부 취미' 운운하다가 핀잔을 들을 수도 있다.

일본 고베시의 한 시민단체가 곧 정년퇴직을 맞이하는 남편을 둔 여성을 대상으로 '남편의 은퇴'를 어떻게 받아들이는지 솔직한 심정을 물어봤다. 그랬더니 놀랍게도 응답자 10명 가운데 7명이 '불안감을 느낀다'고 답했다. 남편의 퇴직이 아내를 불안하게 만드는 이유는 무엇일까.

아내가 불안감을 느끼는 이유로 가장 많이 꼽은 내용은 '남편이 매일 무엇을 하면서 시간을 보낼지 걱정이다'(53%, 복수 응답)였다. '경제적인 문제'(45%)도 불안 요소였지만 '나만의 개인 시간이 줄어든다'(40%) '남편을 챙겨야 하는 시간이 늘어난다'(36%) 등 대체적으로 퇴직 당사자인 남편과 관련된 응답이 많았다. 아내가 갖는 불안감의 요인이 대부분 '남편'이라는 점은 특히 주목할 만하다.

또 다른 흥미로운 설문 조사도 있다. 일본 세키스이積水 주택회사의 조사연구기관인 '주거환경연구소'가 55세 이상 남녀 1000명을 대상으로 한 '은퇴 후 부부의 일상생활'에 대한 의식 조사를 보면 은퇴 이후 생활에 대한 부부간의 동상이몽이 여실히 드러난다.

이 조사에 따르면 남편과 아내 모두 개인 시간을 소중히 여기는 것에 대해서는 생각이 같았지만 그 '정도'에서 큰 차이가 났다. '개인 시간은 은퇴 후 원만한 부부 관계를 유지하는 데 중요한가'라는 물음에 '그렇다'고 대답한 남성은 52%였는데 여성은 무려 74%로 상당히 높았다. 반면, '취미 등 부부가 함께하는 시간을 많이 갖고 싶으냐'는 물음에 그렇다고 대답한 남편은 23%였지만, 아내 쪽 대답은 그 절반 수준인 12%에 그쳤다.

은퇴 이후 사회생활에서도 여성이 남성보다 훨씬 활동적이었다. '친구들과 적극적으로 교류하고 싶은가'라는 질문에 남성 47%, 여성 55%가 '그렇다'고 답했다. 사회생활을 계속 유지하고 싶으냐는 질문에도 남성의 40%가 긍정을 했고 여성은 더 많은 50%가 그렇다고 답했다.

수발과 간병에 관한 마음가짐도 여성이 더 독립적이었다. '몸이 아파도 서로 도우면서 시간을 함께하고 싶다'고 생각하는 남성이 전체 응답자 중 49%, 여성이 37%인 것을 보면 남편이 아내보다 더 상대방에 의존하려는 경향이 높음을 알 수 있다.

인생 100세 시대, 은퇴 이후에도 부부가 함께 살아가야 할 날이 살아온 날만큼 남아 있다. 어느 한쪽만이 아니라 부부 모두가 행복한 노후를 맞이하기 위해서는 일상생활에서 서로에 대한 생각의 차이를 이해하고 그 간격을 메우려는 노력이 절실하게 필요하다.

이와 관련해 고베시 NPO법인이 실시한 '퇴직 후의 부부, 상대에게 바라는 5가지'에 대한 다음의 조사 결과는 참고할 만하다.

리스트에 오른 부부가 서로에게 바라는 것들은 대부분 당연한 이야기들이다. 서로에 대해 딱히 무리한 요구도 없어 보인다. 하지만 그 속내를 살펴보면, 아내가 남편에게 바라는 것 톱5는 대부분 남편이 가정 내에서, 사회생활에서 '자립'했으면 하는 마음이 숨어 있다. 반면 남편이 아내에게 바라는 것 톱5에는 아내의 '간섭'에서

아내가 남편에게 바라는 것 톱5 (복수 응답)

1위 자기 일은 스스로 하는 자립적인 생활을 하면 좋겠다. **43%**

2위 지역 사회나 친구들과 적극적으로 교류하고, 보람 있는 일을 하면 좋겠다. **30%**

3위 건강 관리에 신경을 쓰면 좋겠다. **24%**

4위 가사 분담 등 집안일을 도와주면 좋겠다. **23%**

5위 상대방의 의견을 존중해 주면 좋겠다. **19%**

남편이 아내에게 바라는 것 톱5 (복수 응답)

1위 아내가 건강하고 활기차게 생활하면 좋겠다. **65%**

2위 간섭하지 말고 자유롭게 해 주면 좋겠다. **26%**

3위 부부 공통 취미를 즐기면 좋겠다. **25%**

4위 아내가 나보다 더 오래 살면 좋겠다. **19%**

5위 자기가 좋아하는 일을 찾아 즐기면 좋겠다. **18%**

벗어나고자 하는 마음이 있는가 하면, 아내에게 '의지'하고자 하는 마음 또한 담겨 있다. 이를 빗대 일본에서는 은퇴 후 집에만 콕 틀어박혀 아내에게 의존해 사는 고령 남성들을 '젖은 낙엽'이나 심하게는 '대형 쓰레기'라고 부르기도 한다. 퇴직 후 하루 종일 집 안에만 처박혀 있으면서 아무런 도움이 안 되는 남편을 구두나 길바닥에 한번 달라붙으면 쉽게 떨어지지 않는 젖은 낙엽에 빗댄 표현이다. 대형 쓰레기는 쓸데가 없어서 버리기는 해야 하는데 덩치가 커서 버리려면 힘과 돈이 든다고 해서 붙여졌다고 한다. 힘 빠진 은퇴남의 슬픈 자화상이 아닐 수 없다.

혼자 사는 힘 기르기 훈련

나이 들어 혼자 산다고 하면 사람들은 으레 '외롭지 않을까' '안됐다'는 등 부정적인 반응을 보인다. 곧바로 '고독사' '고독 지옥'과 같은 어두운 이미지를 떠올리면서 말이다.

학교나 직장에 다닐 때는 가족을 비롯한 주변 사람들이 언제나 나와 함께해 줄 것만 같다. 하지만 인생은 영원히 누군가와 함께하는 것을 보장해 주지 않는다. 누구든 결국에는 '혼자'로 돌아가기 마련이다.

가뜩이나 은퇴 후에는 혼자 보내는 시간이 더욱더 중요해진다. 그래서 은퇴를 준비하는 사람이라면 누구든 '혼자 사는 힘'을 길러야 한다고 은퇴 전문가들은 조언한다. 늘 옆에 사람이 있어야 하고 주변에 아무도 없으면 불안해하는 '의존적인 생활 습관'으로는 길고 긴 노후를 알차게 보내기 힘들기 때문이다.

정신과 의사이자 일본의 대표적인 은퇴 전문가인 호사카 다카시 교수는 '혼자 지내는 힘'이야말로 은퇴 후 충실하게 노후를 살게 하는 힘이라고 강조한다. 호사카 교수는 이를 '고독력'이라 부르는데, 50대가 바로 고독력을 길러야 할 중요한 시기라고 말한다.

어떻게 하면 '혼자 사는 힘'을 기를 수 있을까? 호사카 교수는 '나 홀로 여행'을 강력하게 추천한다. 여행지에서 혼자 보내는 시간이 자신의 인생을 깊이 있게 되돌아보는 계기가 된다는 것이다. 누구나 혼자서 여행을 해 봐야 자신의 진짜 모습을 알 수 있는데, 이러한 자아 성찰이 고독력을 키워 주고 더 나아가 인간적인 성숙도를 높여 준다고 한다.

특히 인생 전반기를 마무리하는 50세 전후의 중년층에게는 고독을 즐길 줄 아는 힘을 쌓아 가는 것이 인생의 후반기로 넘어가기 직전의 필수 코스라 할 수 있다.

나 홀로 여행이 여의치 않다면 한 번도 가 보지 않았던 낯선 곳의 카페에 가서 혼자만의 시간을 보내거나 전시회, 공연 등을 혼자 관람하면서 자기만의 시간을 온전히 가져 보는 것도 고독력을 기르는 좋은 방법이다. 물론 집에서 혼자 지내는 시간을 가질 수도 있지만 아무래도 익숙한 장소에서는 자신을 진지하게 되돌아보기가 쉽지 않다. 가급적 일상에서 멀리 떨어진, 낯선 곳에서 시간을 보낼 때 고독력이 만들어진다.

자서전을 써 보는 것도 혼자 사는 힘을 기르는 데 효과적이라고 호사카 교수는 말한다. 실제로 최근 일본에서는 자신의 역사, 즉 자기 인생사를 직접 쓰는 사람들이 늘고 있다. 이들에 따르면 자서전을 쓰다 보면 그 과정에서 전혀 생각지 못했던 자신의 모습과 조우하게 된다고 한다. 그러면 자신의 삶에 몰입할 수 있게 되고, 인생을 마주하는 마음가짐이 달라지면서 고독력을 기르는 데 도움이 된다는 것이다.

또 자서전을 쓰면 그동안 살면서 하지 못했던 것, 아쉬웠던 것을 다시

고독력 연마법

1. 나 홀로 여행을 떠나라.
2. 낯선 전시회, 카페에서 혼자만의 시간을 즐겨라.
3. 자서전을 써라.
4. 집에서도 혼자 지내는 습관을 길러라.

한 번 꿈꾸는 계기를 가질 수 있다는 이점이 있다. 그러다 보면 앞으로 다가올 기나긴 후반기 인생이 그것을 실천하기 위한 기회의 시간으로 바뀐다. 자연히 은퇴 후 찾아올 노후를 기대감을 품고 맞이할 수 있게 된다.

부부가 함께 살더라도 혼자 사는 힘은 역시 중요하다. 남편과 아내 또한 각자 시간을 보내는 생활에 익숙해져야 더 잘 살아갈 수 있기 때문이다. 중년 여성들은 이미 고독을 즐기는 힘을 갖고 있다고 한다. 남편이 한창 일에 빠져 있는 사이 여성들은 이미 인생을 자신의 궤도로 걷고 있어서다. 은퇴를 앞둔 50대 남성들에게 노후의 삶을 지탱해 줄 '혼자 지내는 힘', 즉 고독력은 선택이 아닌 필수다.

5부 일상

나이 들수록
더 행복해지는 비밀

취미 생활의 달인이 되는
6가지 비결

즐거운 취미 생활은 은퇴 후 만족스러운 노후를 위해 없어서는 안
될 필수 요소다. 취미 생활에 몰입할 수 있다면, 그래서 기쁨을 얻
을 수 있다면 행복한 노후는 사실상 보장받은 것이나 마찬가지다.

어떻게 하면 나한테 딱 맞는 취미 생활을 손에 넣을 수 있을까.
일본의 한 주간지가 은퇴자들 가운데 즐거운 취미 생활로 행복한
노후를 보내고 있는 이른바 '취미 생활의 달인'들의 이야기를 들어
봤다. 그들의 이야기에는 다음과 같은 6가지 공통점이 있었다.

비결1. 직장에 다닐 때부터
취미 모임에 참여한다

30여 년간 집과 직장을 오가며 일만 하다가 은퇴 후 곧바로 취미 생활에 몰입한다는 것은 사실상 불가능에 가까운 일이다. 당장 내가 어떤 취향을 갖고 있는지, 나에게 맞는 취미로는 어떤 것이 있는지 알아내기도 쉽지 않다. 시간적 여유를 갖고 이것 저것 해 보며 나에게 맞는 취미 생활을 찾아보는 수밖에 없다. '취미의 달인'들은 하나같이 은퇴 후 본격적으로 시작할 취미 생활을 직장에 다닐 때부터 배우고 연마해 왔다고 한다. 이들은 대개 평일엔 회사원으로 일하고 주말과 평일 저녁 시간을 투자해 취미 모임이나 행사에 적극적으로 참여했다.

비결2. 취미 모임 내 인간관계는
절대 수평을 유지한다

동호회에 열심히 참여한다고 모두 달인이 되는 것은 아니다. 동호인 커뮤니티 내에서 인간관계를 잘 유지해야 한다. 어쩌면 가장 신경을 써야 할 부분이 바로 모임 내 인간관계라고 할 수 있다. 동호인 커뮤니티에서의 관계는 직장 내 수직적인 관계와 다르게 모든

'취미 생활의 달인'이 되는 6가지 비결

① 직장에 다닐 때부터 취미 모임에 참여하라.

② 취미 모임 내 인간관계는 절대 수평이다.

③ 동호인들을 즐겁게 감동시켜라.

④ 당장 가능한 취미부터 시작해 보라.

⑤ 취미의 즐거움을 가족과 공유하라.

⑥ 취미 생활의 구체적인 목표를 세워라.

구성원이 수평 관계다. 다양한 사회적 위치와 세대가 어울리는 모임에서 이해관계나 직함으로 사람을 판단해서는 안 된다. 구성원들이 서로 수평적인 관계를 유지할 수 있도록 늘 주의를 기울여야 한다. 특히 서로 입장이 다르더라도 상대를 나이나 지위로 눌러 이기려고 하거나 훈계하려 해서는 안 된다.

비결3. 상대방을 기다리지 말고
먼저 다가가라

동호회에 가입한 뒤에는 상대방이 먼저 말을 걸어오기를 기다리기만 해서는 안 된다. 처음에는 다소 긴장이 되겠지만 자신이 먼저 동료들에게 다가가는 것이 중요하다. 모임 내에서도 친한 그룹의 동료들을 항상 배려하고 그들을 기쁘게 해 주기 위해 노력하는 자세가 필요하다. 행사가 있을 때 동호인들을 위해서 조그만 선물을 정성 들여 준비해 감동을 주는 것도 좋은 방법이라고 은퇴 선배들은 귀띔한다.

비결4. 당장 가능한 취미부터
시작하고 본다

처음부터 '딱 이거다' 하는 자신만의 취미를 정확하게 찾아내는 사람들은 많지 않다. 사실 많은 사람이 어려움을 느끼고 고민하는 것이 자신에게 부합하는 취미를 어떻게 찾을 것인가 하는 문제다. 이에 대해 취미 생활의 달인들은 '어떤 것이라도 좋으니 흥미 있는 분야가 있으면 일단 일일 체험부터 해 보라'고 권한다. 취미를 체험하는 데 적극적인 '기동력'을 갖추라는 것이다. 기동력이 있어야 한다는 것은 결국 관심 있는 취미 모임에 적극 참여해 보는 것을 주저하지 말라는 얘기기도 하다. '시간이 없어서, 돈이 많이 들어서, 한 번도 해 본 적이 없어서…' 이러한 변명을 하지 않는 것도 취미 생활의 달인이 되는 비결 중 하나다.

비결5. 취미의 즐거움을
가족과 공유한다

혼자서 취미 생활에 푹 빠져 있다 보면 가족에게 외면받을 수 있다. 가정생활에 소홀해져 가족 간에 충돌이 발생하는 경우도 왕왕 있다. 따라서 자신이 즐기는 취미 생활이 가족에게 서비스가 될 수 있도록 배려하는 것을 잊어서는 안 된다. 취미를 통해 얻는 즐거운 경험을 가족과 공유하자는 것이다. 더 나아가 가족, 특히 배우자와 취미 생활을 함께하면 그 즐거움은 배가 될 것이다.

비결6. 취미 생활의
구체적인 목표를 세운다

취미는 어떤 목적을 달성하기보다 단순히 즐기기 위한 것이어야 한다고 얘기하는 사람들이 많다. 하지만 취미도 성취할 목표가 없으면 금방 열정이 시들해지기 마련이다. 실제로 취미 생활을 할 때 구체적인 목표를 세워야만 몰입도를 높일 수 있다. 예를 들어 합창단에서 활동하는 경우, 합창대회에 출전해야 단원들 사기도 올라가고 열정을 실어 연습할 수가 있다. 목표를 세워 놓고 꾸준히 연습하고 또 활동하다 보면 단순한 취미가 전문적인 지식과 기술, 나아가 재능으로까지 진화할 수 있다고 달인들은 말한다.

인생의 보람을 찾아 주는
자원봉사의 힘

은퇴 이후 인생 2막을 보람 있게 보낼 수 있는 방법이 뭐가 있느냐는 물음에 상당수 은퇴 선배들은 자원봉사를 강력하게 추천한다. 자원봉사를 하다 보면 하루를 활기차게 보낼 수 있고, 인간관계도 저절로 넓어진다. 또 새로운 사고방식을 접할 수 있고 사회 문제에 대한 시각이 달라지기도 하며 자존감이 상승하는 등 고령자에게는 좋은 자극제가 된다.

일본에서도 베이비부머 은퇴자를 중심으로 자원봉사를 통해서 생기 넘치고 가슴 벅찬 두 번째 인생을 즐기려는 고령자가 늘고 있다.

은퇴 전문가인 호사카 교수는 "자원봉사 활동은 그 누구를 위한 것이 아니라 자기 자신을 위한 것"이라며 "자신이 할 수 있는 것을 찾아 도움이 필요한 사람을 도와주며 보내는 시간들은 상상할 수 없을 정도로 삶을 활력 있게 만들어 주고 행복감을 맛보게 해 준다"고 말한다.

일본 사람들은 사실 자원봉사 활동에 그리 관심이 많지 않은 편이었다. 2010년 일본 내각부에서 실시했던 '고령자 생활과 의식에 관한 국제 비교 조사'의 결과를 보면 자원봉사 활동 경험이 없는 사람이 51.7%에 달하는 것으로 나와 미국(33.1%) 독일(42.9%) 스웨덴(28.3%)에 비해 관심이 상당히 낮았음을 알 수 있다.

그러던 것이 2011년 동일본 대지진 이후 일본인들 사이에 자원봉사의 중요성과 가치에 대한 인식이 널리 퍼지면서 이 흐름이 고령자에게까지 확대되었다. 그럼 일본 고령자들이 가장 관심을 쏟는 자원봉사 활동은 뭘까.

호사카 교수는 일본에서 인기 있는 10대 자원봉사를 다음과 같이 소개했다. 첫째, 집 주변 공원이나 도로 청소 등을 포함한 미화 활동. 둘째, 살기 좋은 고장 만들기와 같은 지역 사회 활동. 셋째, 교통안전 지도 혹은 방범 및 방화 관련 활동. 넷째, 환경보전이나 자연보호 활동. 다섯째, 어린이 및 청소년을 위한 건전 생활지도 활동. 여섯째, 취미, 스포츠, 학업 관련 지도 활동. 일곱째, 고령자나 장애인의 대화 상대 되어 주기. 여덟째, 의료기관이나 복지시설 내

도우미 활동. 아홉째, 국제 교류 및 국제 지원 활동. 마지막으로 소비자 보호 활동이다.

호사카 교수는 앞으로 고령자 참여가 확대될 자원봉사 활동 영역으로, 여행지에서 고령자 또는 장애인 휠체어 밀어 주기, 독거노인의 대화 상대 되어 주기, 독거노인 도시락 배달 도우미, 보육 시설 보조 도우미, 아동 복지시설 장난감 수리하기, 지자체 휠체어 이용자 운송 도우미 등을 꼽았다.

'나는 할 줄 아는 게 아무것도 없어서 자원봉사는 무리다'라며 주저하는 사람들이 있는데 '어떤 일이든 사회에 공헌할 수 있는 기회는 반드시 주어진다'는 게 자원봉사의 기본 정신이라고 호사카 교수는 강조한다. 또한 '마음에서 쏟아져 나오는 이야기를 그냥 들어 주기만 하는 것도 훌륭한 자원봉사 활동'이라고 힘줘 말한다.

인생을 60년 이상 살아온 사람에게 할 수 있는 것이 아무것도 없을 리가 없다. 발상을 전환하고 시야를 조금만 넓히면 자신이 할 수 있는 일을 얼마든지 찾을 수 있을 것이다. 지금 당장 내가 할 수 있는 자원봉사에는 무엇이 있을지 '즐거운 고민'에 빠져 보자.

귀농에 성공하려면
반드시 지켜야 할 4대 원칙

많은 은퇴 예비군이 퇴직 후 유유자적하는 전원생활을 꿈꾼다. 하지만 '도시인'으로 평생 살아온 직장인들이 시골 생활에 무사히 안착하는 것은 그리 만만한 일이 아니다. 텃세 때문에 오랫동안 준비한 귀농을 포기했다는 '귀농 괴담' 또한 심심치 않게 들려 온다. 그렇다고 시작하기도 전에 바로 포기할 필요는 없다. 똑똑하게 잘만 준비하면 꿈같은 전원생활을 손에 넣을 수 있다.

이와 관련해 경제지 《주간 다이아몬드》가 '은퇴 후 귀농을 성공으로 이끄는 4대 비결'을 소개했는데, 귀농을 꿈꾸는 사람이라면 한번 자세히 들여다볼 필요가 있다.

우선 일본의 은퇴 전문가들은 자신의 성향이 전원생활에 맞는지 점검하는 것부터 시작하라고 조언한다. 9개 질문으로 구성된 아래의 '은퇴 후 귀농 적성도 체크리스트'를 이용해 스스로 점검해 보자.

은퇴 후 귀농 적성도 체크리스트

1. 어두컴컴한 밤길이 무섭다. ☐

2. 주변에 편의점이 없으면 불안하다. ☐

3. 집 방범이 많이 걱정된다. ☐

4. 모기, 지네, 거미 등 곤충이 너무 싫다. ☐

5. 잡초 뽑기, 나무 심기 등 정원 일이 귀찮다. ☐

6. 부녀회나 지역 모임 참여에 소극적이다. ☐

7. 집에서 파티를 여는 것을 좋아하지 않는다. ☐

8. 이웃들과의 친교는 딱 질색이다. ☐

9. 이웃의 음식 선물은 고맙지만 불편하다. ☐

결과 평가
3개 이하: 당신은 '은퇴 후 귀농' 체질입니다.
4~8개: 노력 여하에 따라 농촌 생활에 적응 가능합니다.
9개: 험난한 현실이 기다리고 있습니다. 재고해 보시길.

체크 항목이 3개 이하면 농촌 생활에 적합한 체질의 소유자다. 4~8개면 '은퇴 후 귀농'이 가능하지만 많은 노력이 요구된다. 9개 이상이면 귀농의 꿈을 접는 것이 현명하다.

체크리스트를 보면 알 수 있듯이 시골과 도시 생활의 가장 큰 차이는 2가지다. 가장 먼저 체감하게 되는 것이 '일상의 불편함'이다. 시골 생활을 하려면 편의 시설이 모여 있는 곳까지 시간을 내서 다녀야 하는 것을 기본적으로 감내해야 한다. 시골 생활에 익숙지 않은 도시인들은 어두컴컴한 밤길이 무섭거나 모기, 지네, 거미 등 곤충이 싫고, 잡초 뽑기, 나무 심기 등 정원 일이 귀찮을 수 있다.

또 하나는 프라이버시를 중시하는 도시와 달리 농촌은 이웃과의 공동체 생활이 필수적이라는 것이다. 지역 모임 참여에 소극적이거나 이웃과 사귀는 것을 꺼리고 힘들어하는 사람은 시골 생활이 적성에 맞지 않는다.

일본 은퇴 전문가들은 "도시에서는 돈으로 물건이나 각종 서비스를 사지만, 시골에서는 돈보다 자력으로 무엇을 만들거나 문제를 해결하려는 자세가 요구된다"며 "이런 것들을 귀찮아하느냐, 즐기느냐가 귀농 생활 체질인지 아닌지를 가늠하는 키포인트"라고 입을 모은다.

자신의 적성이 귀농 생활에 잘 맞는다면 다음은 귀농하여 잘 정착하기 위한 준비 단계로 접어들어야 한다. 인생에 두 번 다시 오지 않을 귀중한 시간들을 위한 투자라 생각하고 빈틈없이 준비해 후회를 남기지 않도록 하자. 다음은 전문가들이 제시한 '은퇴 후 귀농 4대 성공 비결'이다.

1. 아내를
설득하는 것이 최우선 과제

시골 생활은 아내를 설득하는 일에서부터 시작된다. '귀농 계획'이 맨 처음 맞닥뜨리는 고비가 아내의 반대다. 여성들은 대체로 질 높은 문화생활, 쇼핑의 편리함 등 때문에 도시를 떠나고 싶어 하지 않는 데다, 당연한 얘기겠지만 오랫동안 친분을 쌓았던 지역 이웃들과 떨어지는 것을 무엇보다 싫어한다.

따라서 갑작스럽게 '귀농'이라는 카드를 덥석 내놓는 방법은 좋지 않다. 차근차근 단계적으로 접근하는 것이 현명하다. 아내와 함께 농촌으로 드라이브를 하거나 여행을 통해 머물기도 하면서 시골 생활에 익숙해지도록 유도할 필요가 있다. 당장 설득이 안 된다면 일단 혼자 농촌 생활을 시작해 주말 부부로 지내보는 것도 나쁘지 않은 방법이다.

2. 편의 시설 등
귀농 현장 사전 조사 필요

이주할 장소는 신중하게 결정해야 한다. 정착하고 싶은 곳에 자주 방문하는 것을 철칙으로 삼자. TV나 잡지 등 매체에서 보여 주는 이상적인 풍경을 상상하며 덜컥 결정했다가 낭패를 보는 경우가 적지 않기 때문이다. 그래서 짧은 기간이라도 체험을 해 보는 게 좋다. 그래야 거주자 시점에서 해당 지역의 문화나 관습, 환경적 특성을 제대로 알아볼 수 있다.

날씨는 어떤지, 규모가 큰 병원이 가까이 있는지, 일용품은 쉽게 살 수 있는지 확인하자. 주요 편의 시설은 걸어서 갈 수 있다면 이 상적이지만 멀어도 차로 10~20분 내 거리에 있는 것이 좋다.

은퇴 귀농을 성공시키는 4대 성공 비결

1. 먼저 아내를 설득한다.
2. 편의 시설 등 귀농 현장을 사전 조사한다.
3. 최소한 5건 이상의 매물을 비교한다.
4. 이웃들과 미리 안면을 익혀 둔다.

3. 최소한 5건 이상의
매물을 비교하라

귀농할 지역이 정해지면 다음은 살 집의 선택이다. 전문가들은 집을 선택할 때 최소 5건 이상의 매물을 비교하라고 권한다. 잡지 광고, 전문 부동산 정보지, 인터넷 정보 검색을 통해 찾아보고 현지 부동산 업자에게 문의해 본 뒤 이를 비교하는 것은 필수 사항이다.

또 주택을 선정할 때 해당 지역의 중심지는 피하는 게 좋다. 기존 지역 사회 내의 끈끈한 관계를 외부인이 처음부터 돌파한다는 것은 무리다. 따라서 새로 조성된 주변 지역의 매물을 선택하는 것이 적응하는 데 더 도움이 될 수 있다.

4. 이웃이 될 사람들과
미리 안면을 틀 것

귀농 생활에서 가장 중요한 것은 공동체 생활, 즉 이웃들과의 관계다. 지역 공동체에 녹아들어 가는 데 있어 첫인상은 아주 중요하다. 따라서 실제 입주하기 전까지 주변 사람들과 얼굴을 익혀 두는 게 좋다. 지역 주민들과 원활한 커뮤니케이션을 위해 악기 연주, 요리, 컴퓨터 활용 능력 같은 '개인기'를 어필하는 것도 효과적이다.

은퇴 후 농촌 생활의 단계적 실천법

| 1. 여행 | 2. 단기 체류 | 3. 주말 거주 | 4. 정착 |

• 여러 지역을 여행하며 자신의 조건과 부합하는 곳을 찾아보자. 노년의 즐거운 기쁨이 될 것이다.

전문가들은 은퇴 후 농촌에 정착하기까지 일사천리로 진행하는 것보다는 차분하게 단계적으로 접근할 필요가 있다고 강조한다.

첫 단계로 먼저 아내와 함께 드라이브나 여행을 하며 귀농할 지역을 방문하거나 머물러 보자. 그다음 스텝은 지자체나 단체에서 제공하는 농촌이나 과수원 숙박 체험 이벤트 등에 참여해 보는 것이다. 마지막 단계로 평일은 도심, 주말은 농촌에서 생활하는 주말 한정 귀농 생활로 본격적인 정착을 타진해 보자.

이런 단계에서 문제가 드러나지 않는다면 마지막으로 최종 목표인 '귀농 생활'을 본격화해 볼 차례다. 이밖에 귀농 학교와 같은 체계적인 프로그램에 참여해 미리 공부를 하는 것도 좋은 방법이다.

일상이 행복해지는
7가지 생활 규칙

20~30년간 꼬박꼬박 다니던 직장을 퇴직하고 나면 일상생활에 엄청난 변화가 일어난다. 당장 매일 아침 출근할 곳이 없어지고, 외부 사람을 만나도 건넬 명함이 없다. 가정 내에서도 저녁이면 들어와 밥을 먹고 쉬는 '파트타임 일원'에서 온종일 집에서만 생활하는 '풀타임 가족'으로 신분이 바뀐다. 이 모든 게 받아들이기 쉽지 않은 변화다. 그래서인지 퇴직 후 일상에 제대로 적응하지 못해 우울증에 시달리는 은퇴자들도 적지 않다.

이러한 일련의 변화에서 오는 충격에 어떻게 대처하면 좋을까. 은퇴 전문가 가와카미 다에코가 제시하는 '은퇴 후 생활 철칙 7개

조'에서 힌트를 얻어 보자.

제1조:
무조건 집 밖으로 나가라

잠옷인지 실내복인지 구분 안 가는 애매모호한 차림으로 빈둥거리며 집 안에만 있으면, 눈 깜짝할 새 어둑어둑 해가 진다. 벌써 시간이 이렇게 되었나 싶어 아내가 차려 준 저녁을 먹고 TV를 보고 있

행복한 은퇴 생활을 위한 생활 철칙 7개조

제1조 집에만 틀어박혀 있지 말고 밖으로 나간다.

제2조 오늘 무엇을 할 것인지 전날 밤에 정해 놓는다.

제3조 집안일은 스스로 찾아서 한다.

제4조 자신의 취약점을 감추지 않는다.

제5조 현역 시절 직함을 자랑하지 않는다.

제6조 칭찬의 말을 아끼지 않는다.

제7조 자신의 처지를 타인과 비교하지 않는다.

었는데 어느샌가 꾸벅꾸벅 졸고 있다. 이런 생활을 반복하는 사이에 점점 허리와 다리 근력이 떨어지면서 매사에 의욕이 없어지고 집 안 붙박이 가구 같은 존재로 전락하고 만다.

상상하고 싶지 않은 그림이다. 이런 '은퇴 은둔형 외톨이'는 되지 않도록 조심하자. 특별한 목적이 없더라도 일단 집 밖으로 나가야 한다. 갈 데가 없다고 해도 강변이든 공원이든 발길이 닿는 대로 걸어 보자. 밖으로 나다니다 보면 어느새 몸이 익숙해져 집에만 있으면 오히려 답답해질 것이다. 매일 외출하면 첫째로 본인이 건강해지고, 둘째로 사계절 자연의 변화에 민감해지면서 삶에 대해 감사하는 마음도 생기고, 마지막으로 무엇보다 아내에게 혼자만의 시간을 만들어 줄 수 있다.

제2조:
오늘 할 일을 전날 밤에 정해 놓는다

사람들은 은퇴를 하고서야 깨닫는다. 아침에 눈을 떴을 때 오늘 해야 할 일이 있다는 것은 참 행복한 일이란 걸. 하지만 그날 할 일을 당일 아침에 생각하는 것은 부담이 되고 때늦을 수도 있다. 그래서 일과가 끝나고 잠자리에 들기 전에 다음 날 할 일을 정해 두는 방법을 추천한다.

할 일은 무엇이든 좋다. 영화를 보거나 미용실에 가거나 도서관에 가는 것도 괜찮다. 노래방에서 노래 연습을 해도 좋고, 책을 정리하거나 주소록을 다시 정리하는 것도 좋다. 찾아보면 무료 입장인 콘서트, 전시회, 강좌 등 주변에 참여할 수 있는 일이 꽤 있을 것이다. 가끔 가족을 위한 이벤트를 기획하는 것도 좋은 아이디어다. 무엇을 하면 가족 모두가 좋아할까, 예산은 어느 정도로 맞출까, 머리를 써 가며 이것저것 생각하는 것은 시간을 보내기에 안성맞춤이다.

무슨 일이든 내가 할 수 있는 일들을 떠올려 보고 정리가 되면 그것을 반드시 실행에 옮기는 연습을 꾸준히 하자. 그러는 사이에 아무 할 일 없는 날이 사라지게 될 것이다.

제3조:
집안일은 스스로 찾아서 한다

은퇴하는 순간부터 남편은 집안일을 거들지 않아도 된다는 '명분'이 사라진다. 퇴직 전부터 이미 집안일을 돕고 있었다면 범위를 넓혀 더 철저히 하길 바란다. 반대로 그동안 집안일을 전혀 해 오지 않았다면 설거지, 현관 청소 등 쉬운 일부터 시작해 보자.

그러나 집안일이라고는 해도 일에는 순서와 법칙이 있는 법. 처음 시작할 때는 아내에게 제대로 배울 필요가 있다. 아내들은 집안일에도 나름의 방식이 있기 때문에 섣불리 간섭했다가는 화를 초래할 수 있다는 것을 명심하자.

거기다 직접 만들 수 있는 요리 한두 가지가 있다면 더 좋다. 우선 밥을 짓는 방법과 된장찌개나 김치찌개를 끓이는 방법 정도를 익혀 두면 아내가 아프거나 집을 비우더라도 꽤 도움이 된다. 단, 집안일을 도와 분담하기 시작한 이상 방치하는 것은 용납되지 않는다. '나 아니면 할 사람이 없다'는 책임 의식을 가지고 끝까지 해나가는 것이 중요하다.

제4조:
자신의 취약점을 감추지 않는다

'남자라면 나약한 모습을 보여서는 안 된다.' 많은 남성이 오랜 세월 그렇게 믿고 일하며 살아왔을 것이다. 하지만 은퇴 후에는 사고방식을 바꿔야 한다. 인간 역시 동물이기 때문에 성장기가 지나고 나면 쇠퇴기에 접어든다. 누구든 쇠약해지기 마련이다.

자신의 몸 상태를 잘 살피고 파악해 조금이라도 불편한 점을 느끼면 확실하게 의사를 전달하는 것이 중요하다. 그중에서도 특히 심리적으로 '힘들다, 외롭다'고 느끼는 것을 솔직하게 털어놓을 수 있어야 한다. 자신은 절대 그럴 리가 없다고 자만하는 것은 금물이다. 상대가 아내든 그간 알고 지내 온 사람이든 자신의 취약점을 자각하고 긍정적으로 마음을 여는 순간 새로운 인간관계가 시작된다.

제5조:
현역 시절의 직함을 들추어내는 건 금물

자랑만 잔뜩 늘어놓는 사람은 누구나 싫어한다. 퇴직 후에 새로 알게 된 사람들 앞에서 왕년에 한가락 했다거나 직함이 무엇이었다거나 하는 이야기는 하지 않는 것이 좋다. 옛날은 옛날, 지금은 지금이다. 과거의 이력이 아무리 화려했다 하더라도 그 사람들과는 아무 상관이 없는 그냥 '자랑'일 뿐이다.

한창 일할 때에는 서로 명함을 주고받으며 상대가 소속되어 있는 조직이나 직함을 보고 이런저런 상황을 짐작할 수 있었겠지만, 이것은 어디까지나 일 자체가 개인플레이가 아닌 조직적인 플레이에 의해 움직였기 때문이다. 명함에 명기된 직함이 그것을 반영해 준다. 그렇지만 직장을 떠나면서부터는 철저하게 개인플레이를 해야 한다. 일단 계급장을 떼고 난 후에는 그 사람의 '인간적인 매력'이 모든 것을 말해 준다.

제6조:
칭찬, 감사의 말을 아끼지 말 것

마음에 있는 말을 머릿속에서 아무리 되뇌어 봤자 직접 말로 표현하지 않는다면 상대에게 전해지지 않는다. 직장에서야 계속 같이 지내니 기회가 많지만 은퇴 후 밖에서 만난 인연 사이는 그렇지 못하다. 그러니 '이 사람 괜찮은데' 하는 생각이 들면 바로 말로 표현하자. 어떻게 하면 될까? 그저 상대를 '칭찬'만 해도 호감을 만들수 있다.

직장 생활을 할 때는 자신의 라이벌에게 솔직하게 칭찬의 말을 해 주고 싶지 않은 경우도 있었을 것이다. 하지만 직장을 떠난 지금은 얘기가 다르다. 은퇴하면 다들 같은 처지의 동지가 되는 것이다. 상대방을 인정해 주는 칭찬의 말들이 사람과의 좋은 인연을 맺어 준다. 칭찬을 할 때도 상황을 잘 파악하고 적절한 타이밍에 거만하지 않은 태도로 하는 것이 중요하다.

또 한 가지, 감사의 표현도 '아낌없이' 하자. 도움받는 것을 당연하게 받아들이는 태도로는 좋은 인연을 맺을 수 없다. 이것은 아내를 대할 때도 마찬가지다. '이거 칭찬을 너무 남발하는 것 아닌가…'라고 느껴질 정도가 딱 적당하다고 할 수 있다.

제7조:
현재 자신의 처지를 타인과 비교하지 말 것

자신이 처해 있는 환경을 남과 비교해서 좋을 일은 하나도 없다. '저 사람보다 내가 훨씬 능력 있는 사람인데… 나는 정말 불운한 사람인가' 하는 생각을 하다 보면 괜히 기분만 언짢아질 뿐이다. 은퇴 후에 적어도 20년, 30년은 더 살아야 한다. 그렇다면 우선 지금 내 손에 들고 있는 패를 한번 점검해 보자. 남이 가지고 있는 패를 아무리 부러워해 봤자 그것이 내 손으로 들어 올 리는 만무하다. 그렇다고 없는 것을 달라고 떼를 쓸 수도 없다. 나는 그 누구도 아닌 나인 것이다.

　모처럼 경쟁 사회의 굴레에서 벗어나 자유를 얻었다. 나에게는 선물과도 같은 남은 인생, 이왕이면 더 느긋하고 대범하게 살아야 겠다는 마음가짐이 필요하지 않을까.

돈, 일, 건강에 대한
고정관념을 뒤집어라

'가능한 한 저축을 많이 하고, 가능한 한 몸을 소중히 다루고, 가능한 한 오래 회사를 다닌다.' 이것이 안정된 노후 생활을 위한 일반적인 모범 답안일 것이다.

하지만 이 모범 답안을 정면으로 거스르는 게 진정한 노후 대책이라고 주장하는 노후 전문가가 있다. 요로 다케시養老孟司 도쿄대학교 명예교수가 그 주인공이다. 그는 대학에서 해부학 전문가로 활약하다 어느 날 과감히 교직을 그만두고 취미인 곤충 채집과 강연을 하면서 자유롭게 살아가고 있다. 요로 교수는 일본에서 450만 부가 팔린 밀리언셀러 《바보의 벽》 저자로도 유명하다. 그가 말하

는 '뒤집으면 노후가 즐거워진다'는 이른바 '요로식式 노후 준비 역
발상'을 한번 들여다보자.

회사 일은 사회의 기능을
잠시 나눠서 하는 것

요로 교수는 평생을 한 회사에서 몸이 허락하는 한 최후까지 남아
일하는 것이 '성공'이라는 가치관 자체가 잘못됐다고 말한다. 그런
가치관 때문에 특히 남성들이 정년퇴직으로 직장을 그만두는 순간
밀려오는 상실감과 박탈감에 힘들어한다는 것이다. 많은 회사원이
자신의 인생과 회사의 일을 동일시하는 경향이 강한데, 이는 대단
히 그릇된 생각이다. 회사에서 일한다는 것은 사회가 개인에게 필
요로 하는 기능 일부를 자신이 나누어 도맡는 것이라고 생각하는
게 좋다. 과거 사농공상士農工商은 사실 신분제도라기보다 사회 기능
의 역할 분담 측면이 컸다. 그것은 지금도 마찬가지다.

일을 하면서 사회가 요구하는 역할을 한시적으로 분담해 그에
따른 대가를 받고, 기한이 되면 다시 사회에 환원하는 것, 그것이
정년퇴직이라는 게 요로 교수의 은퇴론이다. 회사 일을 자기 인생
의 전부라고 생각하는 것은 오히려 공사公私를 혼동하는 것이라고
할 수 있다.

돈만 있으면 노후는
안심이라는 생각은 오산

물론 돈이 아예 없어서도 안 되겠지만 사실 그렇게 많은 돈이 필요한 것도 아니다. 그러니 '돈 있으면 노후는 안심'이라는 생각도 오산이다. 평생 저축만 하다가 자기를 위해 한 푼 쓰지도 못하고 죽는 사람이 생각보다 많다.

돈은 말 그대로 '수단'일 뿐이다. 지금 일본에는 할 일은 없는데 돈만 갖고 있는 사람들이 상당히 많다. 이렇게 개인이 저축한 자금으로 일본 금융 기관이 정부 국채를 사들이고 있기에 일본 정부는 국민에게 상당한 빚을 진 셈이다.

결국 돈의 액수보다 돈의 '쓰임새'를 어떻게 생각하느냐가 중요하다. 더불어 50대가 되면 '나는 무엇을 위해 사는가' 하는 삶의 의미에 대한 질문을 스스로 던져 봐야 한다. 그래야 수단과 목적을 혼동하지 않는다. 요로 교수는 여든 가까운 나이에도 자신이 바쁘게 사는 이유를 '진짜 하고 싶은 일을 할 시간과 돈을 벌어야 하기 때문이다'라고 명확하게 제시한다.

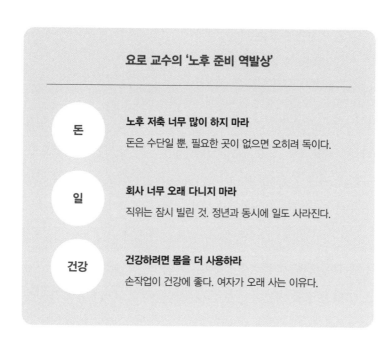

요로 교수의 '노후 준비 역발상'

돈

노후 저축 너무 많이 하지 마라
돈은 수단일 뿐, 필요한 곳이 없으면 오히려 독이다.

일

회사 너무 오래 다니지 마라
직위는 잠시 빌린 것. 정년과 동시에 일도 사라진다.

건강

건강하려면 몸을 더 사용하라
손작업이 건강에 좋다. 여자가 오래 사는 이유다.

나이 든 만큼
몸이 노화하는 것은 당연

요로 교수는 해부를 했을 때 종종 놀랐던 기억이 있다고 하는데, 죽은 노인 중에 정말 훌륭한 장기를 갖고 있는 사람이 많아서다. 인간의 심장이나 간은 나이가 들면 위축되는 것이 당연한데도 전혀 손상되지 않았는가 하면 젊은이 못지않은 튼튼한 치아를 남긴 노인들도 있었던 것이다. 이런 걸 보면서 정말 아깝다는 생각마저 했다고 한다.

육체는 이미 죽었는데 장기와 치아만 훌륭해서 무엇에 쓰겠는가. 인간의 몸은 나이가 들면 노화하는 것이 자연의 이치다. 사람이 죽을 때가 되면 몸도 거기에 맞게 노화하는 게 자연스럽다. 몸이 늙는다고 인공 기술을 써 가며 자연에 역행하려고 애쓰는 것처럼 건강을 해치는 일도 없다.

요로 교수가 제안하는 건강을 위한 팁은 손작업을 많이 할수록 여러모로 도움이 된다는 것이다. 그림을 그리는 사람이나 장인들이 장수하는 것은 손을 많이 쓰기 때문이고, 여성들이 남성들보다 오래 사는 것도 손으로 집안일을 끊임없이 해서다.

또 하나, 요즘 고령자 주택은 집 안에서 이동을 쉽게 하기 위해 문턱을 없애는 이른바 '배리어 프리Barrier Free'가 인기라고 한다. 하지만 요로 교수는 배리어 프리 주택은 노인들에게 치매에 걸릴 준비를 하라는 것이나 마찬가지라면서 오히려 집 안 문턱 높이를 다양화하라고 말한다. 집 안에 있는 계단 폭도 서로 다르게 해 가능한 한 머리나 몸을 더 쓰는 게 좋다는 것이다.

50대에
반드시 버려야 할 생각 3가지

직장인들은 대체로 50대에 접어들면 퇴직에 대해 진지한 고민을 하게 된다. 이때 즈음이면 임원으로 승진해 출세가도를 달릴 '승자 그룹'과 경쟁에서 밀려 출구를 고민해야 하는 '비非승자 그룹'의 윤곽이 뚜렷해지기 때문이다.

출세 경쟁에서 밀린 이들은 남은 직장 생활을 어떻게 보내는 것이 좋을까. 이와 관련해 일본의 한 비즈니스 잡지가 내놓은 조언이 흥미로워 소개한다.

이 기사에 따르면 50대부터는 '3가지 자기부정'을 통해 자기 자신을 엄격히 재평가하는 것이 중요하다고 한다. 냉철한 자기 평가가 인생 2막을 성공으로 이끄는 열쇠가 될 수 있다는 이야기다.

그렇다면 50대가 실천해야 할 '3가지 자기부정'이란 뭘까. 첫째는 현재 자신이 갖고 있는 '인맥과 업무 노하우'에 대한 자기부정이다. 보통 50대쯤 되면 회사 일과 관련한 인적 네트워크나 업무 노하우와 스킬, 그리고 성공 경험을 어느 정도 쌓게 된다. 그래서 이런 인맥과 경험 등을 잘만 활용하면 노후에도 뭔가 할 수 있을 거라는 막연한 자신감을 갖게 된다.

하지만 이 기사에서는 그런 막연한 자신감이 오히려 위험하다고 지적한다. 퇴직 후 명함이 없어지면 야속하게도 현역 때의 인맥과 성공 경험도 함께 사라진다. 따라서 회사 조직의 직함을 반납하는 순간 자신이 발휘할 수 있는 능력에 한계가 드러난다. 현재의 인적 네트워크나 업무 노하우를 은퇴 후에도 활용할 수 있다는 생각은 오산이다. 오히려 그런 기대감을 빨리 버릴수록 현실을 더 명확히 직시할 수 있다는 것이 전문가들의 조언이다.

둘째는 회사 말년에 '역전승'하겠다는 생각을 버려야 한다는 것이다. 앞서 말했듯이 50대가 되면 사내에서 향후 자신의 행로가 그 윤곽을 드러낸다. 이때 사내 경쟁에서 밀렸다고 억울해하는 사람들이 있는데, 그중 상당수가 무리하게 뭔가를 해서 만회하려는 경향을 보인다. 이들은 대체로 상대방을 헐뜯거나 기막힌 '한 방'을 노리면서 무리하게 업무를 추진하는 방법을 쓴다. 하지만 그러다

가는 오히려 사태를 악화시킬 공산이 크다.

또 어떤 부류는 경쟁에서 뒤처졌다는 부정적인 생각 때문에 다른 회사로 전직을 한 후에도 이전에 자신이 몸담았던 회사에 대해 이런저런 험담을 해 주위의 따가운 눈총을 받기도 한다. 이런 부류의 사람은 전직한 회사에서도 인정받기 어렵다. 50대의 평범한 직장인들은 일단 이러한 부정적인 감정부터 없애는 것이 중요하다.

셋째는 '팀으로 일한다'는 생각을 버려야 한다. 그동안 회사 업무는 대부분 태스크포스나 팀 단위로 했을 것이다. 팀을 꾸려 일할 때는 각자 업무가 나뉘어 있기에 자신이 맡지 않았던 일에 대해서는 잘 모를 수 있다. 특히 팀장 이상의 관리직일 경우 실무 관련 업무나 기술적인 업무에 약한 사람들이 많다.

퇴직을 하게 되면 그동안 함께 일했던 직장 동료나 선후배들과 다시 일할 수 없다. 직함이 없어지면 주변 사람들도 하나둘 떠나고 결국 혼자가 된다. 따라서 노후에도 현역 시절처럼 사람들과 함께 팀으로 일한다는 생각은 일찌감치 버리는 게 좋다. 자신이 혼자 남았을 때 할 수 있는 것이 무엇인지 곰곰이 생각해 보는 것이 노후를 준비하는 데 더 보탬이 될 것이다.

60대에
꼭 해 둬야 할 일 17가지

은퇴 후 새로운 인생이 시작되는 60대. 인생 2막을 앞두고 스타트 라인에 서는 이 시기에는 어떤 '자세'가 필요할까. 60대는 기존에 살아온 방식에서 벗어나 자신만의 삶의 방식을 정립하고, 생물학적인 노화를 받아들여야 하는 그야말로 '대격변'의 시기다. 이 시기를 어떤 '마음가짐'으로 임하느냐가 행복한 노후를 결정짓는 것이나 다름없다.

고령화 선배인 일본에서 20대, 30대, 40대 등 세대별로 후회 없는 삶의 지표를 제시해 온 경영 컨설턴트 혼다 겐本田健 씨가 '60대에 꼭 해 둬야 할 일 17가지'를 소개했다. 혼다 씨가 내놓은 '그 나이대에 꼭 해 둬야 할 일 17가지' 시리즈는 일본에서 100만 부가 넘게 팔리며 독자에게 사랑을 받고 있다. 혼다 씨가 제안한 일들은 독특하다. 또 아주 필수적이고 일상적이지만 그래서 전혀 생각해 보지 못한 것도 있다. 이것을 이정표로 삼아 노후 대비를 하는 건 어떨까.

20대에 하고 싶었던 것을
실천에 옮겨라

혼다 씨는 60대에 꼭 해 둬야 할 일의 첫 번째로 '20대에 하고 싶었던 것을 실천에 옮겨라'라고 제언한다.

60대가 되면 지금까지의 인생을 한번 되돌아보는 기회를 가질 필요가 있다. 그중에서도 젊었을 때 품었던 꿈을 다시 되새겨 보는 것이 중요하다. 그 꿈이 인생 2막을 풍요롭게 하는 원천이 될 수 있기 때문이다. '이제 와서 뭘 다시 할 수 있겠어?'라고 생각하는 사람과 '이번에야말로 하고 싶었던 것을 시작해 보자'라고 생각하는 사람의 인생은 다를 수밖에 없다.

60대에 꼭 해 둬야 할 일 17가지

1. 20대에 하고 싶었던 것을 실천에 옮긴다.

2. 친구 관계를 재정립한다.

3. '이 정도면 됐지. 더 뭘 하겠다고?'라는 생각을 떨쳐 낸다.

4. 배우자와의 관계를 다시 생각한다.

5. 일에 얽매이지 않는다.

6. 돈 때문에 너무 고민하지 않는다.

7. 나만의 취미를 갖는다.

8. 젊은 친구를 사귄다.

9. 부모님이 돌아가셨을 때의 나이를 곱씹지 않는다.

10. 여행에 적극 나선다.

11. 새로운 것을 배운다.

12. 자신에게 맞는 건강법을 찾는다.

13. 자기만의 삶의 의미를 갖는다.

14. 자녀의 인생에 간섭하지 않는다.

15. 남자 또는 여자 됨의 기쁨을 잊지 않는다.

16. 미래에 투자한다.

17. 사랑을 전파한다.

친구 관계를
재정립하라

은퇴 직후에는 지금까지의 친구 관계를 재정립하는 것도 중요하다. 60대 이후의 삶에 친구는 중요한 요소다. 그동안 연락 불통이었던 친구가 있다면 용기를 내서 먼저 손을 내밀어 보자.

50대까지는 동창회 자리에서도 경쟁의식이 발동하지만 환갑이 지나면 친구 사이에 또 다른 역학관계가 만들어진다. 같은 시대를 함께 싸우며 살아 낸 전우의 느낌이랄까. 그런 친구들과 시간을 같이 보냄으로써 그간 잊고 살았던 소중한 추억을 이끌어 낼 수 있다. 그러한 시간을 즐기기 위해서는 친구를 만드는 데도 노력을 기울여야 한다. '그럴 필요가 있을까?' 하지 말고 일단 먼저 다가가자. 여기서 한 가지 유의할 점은 친구를 만들 때 처음부터 연령에 제한을 두지 말라는 것이다. 젊은 친구의 감성이나 지식을 접하는 것만으로도 당신의 감성과 지식이 연마되어 간다.

'이 정도면 됐지' 하는
생각을 떨쳐 내라

'이 정도면 됐지. 더 뭘 하겠다고?' 하는 생각도 버려야 한다. 인생에는 밀물과 썰물이 있기 마련이다. 하지만 그렇다고 60대가 벌써 썰물 때라는 이야기는 아니다. 사회에서 얼마든지 자기 역할을 할 수 있다. 과거에는 하고 싶은 것이 있어도 가족을 위해, 혹은 시간이나 체력, 돈의 제약 때문에 스스로 포기하곤 했었다면 자유로운 몸이 된 지금은 얘기가 다르다. 조금 무리를 해서라도 뭔가에 도전해 보자. 새로운 역할을 찾는 것을 넘어서서 인생 자체가 변할지도 모른다.

배우자와의 관계를 다시 생각하라

지금까지의 결혼생활을 되돌아보면서 이 사람과 함께 무덤까지 갈 수 있는지 진지하게 한번 생각해 보자. 60대가 이혼을 택할 수 있는 마지막 시기라는 말이 있다. 앞으로 남은 인생을 누구와 함께 걸을 것인가? 결혼의 의미를 다시 생각하면서 배우자와 앞으로의 관계에 대해 진지하게 대화하는 기회를 가져 볼 필요가 있다.

과거에
얽매이지 마라

행복한 노후를 바란다면 '과거'에 사로잡혀서는 안 된다. 특히 은퇴 후에도 여전히 과거에 일했던 회사의 명함을 들고 다니는 사람들이 있는데 이것은 결코 바람직하지 않은 행동이다. 제2의 인생은 사회적 지위가 아니라 인물의 '됨됨이'로 평가받는다. 60대를 기점으로 자신의 인간성을 가다듬는 노력을 해 보자.

돈 때문에
너무 고민하지 않는다

60대가 가장 고민하는 것 중 하나는 정기적인 수입이 없어지는 것이다. 연금만이 유일한 수입원일 경우에는 당연히 돈 걱정이 많을 수밖에 없다. 그러나 이처럼 돈 걱정을 하기 시작하면 마음의 평정도 잃는다. 그런데 돈이 없으면 정말 삶이 힘들어질까? 그건 또한번 생각해 볼 문제다. 돈이 없어도 기관을 비롯한 주변의 도움을 받아 가며 살 수도 있다. 돈에 대한 생각을 조금만 바꿔도 돈 걱정이 꼬리에 꼬리를 무는 '돈의 저주'에서 풀려날 수 있다. 한발 더나아가 은퇴 후에 새로운 돈의 흐름을 창출하는 것도 가능하다. 자신이 잘하는 것, 다른 사람을 즐겁게 해 주는 것이 돈이 될 수도 있다. '이런 것이 무슨 돈이 되겠어?'라는 생각은 버리자. 당신이 일하며 살아온 30여 년이란 인생의 역사가 있지 않은가. 육아, 기술, 전문 지식, 외국 생활 경험, 외국어 능력 등 은퇴자들의 역량은 생각보다 매우 훌륭하다. 그것을 어떻게 돈으로 전환시킬 수 있을지 생각해 보는 적극적인 사고방식이 필요하다.

나만의 취미를 갖는다

취미를 갖는 것도 행복한 노후를 영위하는 데 중요한 포인트다. 이제까지 남들 눈치 때문에 하지 못했던 취미가 있었다면 그걸 이제해 보는 것이다. 재미나는 것을 찾아서 적극적으로 일을 벌여 보자. 그 일이 어떤 것이든 당신의 인생을 분명 두근거리게 해 줄 것이다. 이때 명심할 점은 일반적이고 보편적인 상식에 얽매이지 말고 창피하더라도 일단 시도해 보는 것이다.

젊은 친구를
사귄다

——

젊은 친구를 사귀기 위해서는 우선 스타일부터 바꿀 필요가 있다. 과감하게 20~30대 젊은이들의 감각을 배우고 경험해 보는 것도 나쁘지 않다. 또 자신은 젊은이들과 수다를 떨 수 있는 사람인지 그렇지 못한 사람인지 자문해 보는 것도 필요하다. 젊은 사람들이 기피하는 노인들은 전 세계 국가를 불문하고 공통적으로 '내 말이 항상 맞다'고 자신의 경험을 들이대며 주장하는 고집스러운 부류다. '옛날에는 이렇게 했다' '예전이 좋았다'는 등 과거 지향적인 화제보다 '이거 참 재밌을 것 같다'는 식의 호기심 어린 태도로 젊은이들과 공감하는 적극적인 자세가 필요하다.

부모님이 돌아가셨을 때의
나이를 세지 않는다

——

60대가 되면 자신의 부모가 몇 세 때 돌아가셨는지 떠올려 보는 사람이 많다고 한다. 사람의 수명은 모두 제각각이다. 나의 부모가 60대일 때와 내가 60대인 지금은 분명 많이 다르다. 심지어 부모님이 돌아가신 나이가 되면 본인 또한 이제 언제 죽어도 여한이 없

다고 말하는 사람들이 있는데, 언제나 오늘이 새 인생을 시작하는
날이라는 마음으로 사는 인식의 전환이 필요하다.

여행에
적극 나선다

일상을 벗어나 멀리 여행을 떠나는 것은 우리가 그려 보는 행복한
노후 이미지에 자주 등장하는 요소다. 매일 반복되는 단순한 일상
을 보내다 보면 머리가 둔해진다. 되도록 자극적인 순간을 자주 경
험하는 것이 반복되는 인생을 흥미롭게 해 준다. 집에서 보내는 하
루와 타지에서 보내는 하루가 전혀 다르다는 것은 굳이 말하지 않
아도 다들 잘 알 것이다. 여행을 같이할 사람이 꼭 필요한 것은 아
니다. 나 홀로 여행도 추천할 만하다. 냉정하게 봤을 때 60대는 건
강상으로나 자금상으로나 인생을 살면서 모험을 할 수 있는 마지
막 시기일지도 모른다는 것을 명심하라.

새로운 것을
배운다

활력 넘치는 노후를 보내려면 새로운 것을 배우는 데 시간을 많이 할애해야 한다. 몰랐던 것을 처음 해 보는 데서 느끼는 즐거움은 큰 행복감을 안겨 준다. 시간적 여유가 많은 노후에는 과거처럼 일과 연관된 배움이 아니라 지적 호기심을 채우는 배움을 얼마든지 즐길 수 있다. 나이 들어도 늘 젊어 보이는 사람들의 공통점이 끊임없이 새로운 일에 도전하는 것임을 유념하자.

자신에게 맞는
건강법을 찾는다

건강은 최고의 노후 자산이다. 그렇기 때문에 자신에게 맞는 건강법을 찾는 것이 매우 중요하다. 세간에 유행하는 건강법이 자신에게도 꼭 맞는다고 할 수는 없다. 내 몸에 부담을 주지 않는 건강법을 선택하길 권한다. 또 60대에는 지병이 있더라도 그 병을 안고 함께 살아가는 지혜로운 방법을 익혀 둘 필요가 있다. 병에 너무 얽매이는 것보다 병을 잘 알고 다스리는 기술을 몸에 익혀야 삶의 질을 더 높일 수 있다.

자기만의
삶의 의미를 갖는다

30대는 '앞으로 멋진 인생을 살아가기 위해 필요한 것들'에 가치를 둔다면, 60대는 '자신의 인생이 이만하면 나쁘지 않았다'고 자문자답하는 것에서 보람을 느낀다고 한다. 자녀와 손주들에게서 인생의 의미를 찾으려는 것에는 한계가 있기에 남는 것은 허무함 뿐이다. 그보다는 지역 사회에 참여하고 공헌하는 것이 훨씬 의미 있고 자부심 느낄 만한 일이 아닐까. 80대 이상 노인 중에서 여전히 활기찬 인생을 보내는 사람 대부분이 일주일에 단 몇 시간이라도 자기 일을 하는 사람이라는 점을 머릿속에 새겨 둘 필요가 있다.

자녀의 인생에
간섭하지 않는다

60세가 넘어서도 자녀의 인생에 너무 깊이 끼어들려고 해서는 안 된다. 우선 내 자녀는 나와 전혀 다른 사람이라는 인식을 가질 필요가 있다. 당신이 살아온 시대와 지금 자녀가 살고 있는 시대는 엄연히 다르다. 자녀에 대한 걱정으로 날을 새는 노인들이 많은데,

이런 걱정의 본질은 대개 부정적인 미래를 생각하면서 그것이 분명히 일어날 것이라고 확신하는 데에 있다. 또 그것을 자신이 막아 줄 수 있다고 생각하기도 한다. 마음의 주술 같은 거라 볼 수 있다. '여러 가지 일이 생기겠지만, 내 아이는 잘 헤쳐 나갈 것이다'라고 믿어 주는 것, 오히려 그것이 자녀들을 돕는 길이라는 점을 잊어서는 안 된다.

남자 또는 여자 됨의 기쁨을 잊지 않는다

자신의 남성성 또는 여성성을 의식하는 사람과 그렇지 않은 사람은 인생에서 느끼는 즐거움의 '깊이'가 다르다고 한다. 또 남성이든 여성이든 스스로를 관능적이라고 생각하는 사람이 오래 산다고 한다.

신체적인 '접촉'이 주는 행복감을 느끼는 것 또한 중요하다. 누군가의 품에 안기거나, 품에 안아 주는 등의 신체 접촉은 스트레스를 줄이고 안정감을 높여 준다. 이를 느끼면서 남자와 여자로 돌아가는 시간을 지속적으로 만들어 보자.

미래에 투자하고
사랑을 전파하라

마지막으로 어린이와 젊은이들에게 투자할 것을 권한다. 재능 있는 젊은이들에게 지혜와 돈을 전수해 주는 것은 당신이 살아온 삶을 증거로 남기는 것과 연결된다. 또 젊은 친구들을 사귀는 일거양득의 효과를 준다. 주위에 사랑을 전파하는 것도 행복한 노후를 위한 필수 요소다. 이제까지 인생을 살아오면서 당신을 지지해 주고 도와줬던 친구, 지인, 직장 동료의 얼굴을 떠올려 보자. 그리고 그들과의 관계 속에서 내 인생이 무르익었다는 점을 상기하자. 감사하는 마음이 일 것이다. 그러면 꼭 그들에게 감사의 마음을 전하라. 그리고 무엇보다 늘 자신을 사랑하라.

취미, 교양, 건강, 친구, 돈
5가지 통장은 필수다

정년퇴직을 한 뒤 은퇴자들이 겪는 '퇴직 증후군' 중 일상을 가장 크게 뒤흔드는 것은 역시 '극도의 상실감'이다. 현역에 재직하고 있을 때와 퇴직 후의 '낙차'가 그만큼 크기 때문인데, 이 같은 상실감은 심하면 우울증으로 이어지기도 한다. 특히 노인성 우울증은 방치하면 치매로 진행되기도 하고, 심하면 삶의 의욕까지 잃어 자살로 이어지는 경우도 있어 간과해서는 안 되는 문제다.

일본의 은퇴 선배들은 정년퇴직을 하고 회사를 떠나게 되면 현직 시절의 '3대 재산'을 잃음으로써 상실감에 부딪힌다고 얘기한다. 현직의 3대 재산이란 사회적 지위, 일(직업), 마지막으로 인간관

퇴직 후 허무하게 사라지는 현직의 '3대 재산'

사회적 지위

회사의 직위와
직함(명함)

일(직업)

30년간 계속했던
회사 일

인간관계

일과 관련된
사내외 사람들

계를 말한다.

연말연시 오고 가는 감사 인사, 명절 선물, 식사 약속, 지인들과의 회식도 은퇴 후에는 추억으로만 남게 된다. 특히 재직했던 회사 규모가 컸거나 직책이 높았던 사람일수록 퇴직 후 겪는 상실감은 더욱 클 수밖에 없다.

퇴직 후 찾아오는 이 같은 상실감을 줄이려면 어떻게 해야 할까. 답은 간단하다. 퇴직 전에 미리 준비해 두어 예방하는 수밖에 없다. 이를 위해 일본의 은퇴 선배들은 퇴직을 앞두고 최소한 5년 전부터 5개의 통장을 만들라고 조언한다.

첫째는 '취미 저축통장'이다. 취미는 평범한 일상생활에서 즐거움을 찾을 수 있는 가장 큰 자산이라고 할 수 있다. 은퇴자들에게 주어지는 '자유 시간'은 현역 시절 일하는 시간과 비견될 수 있는데 이는 앞서 말한 것처럼 잠자고 밥 먹고 쉬는 시간을 빼도 무려 10만 시간이 넘는다. 이 엄청난 시간을 어떻게 보내느냐가 인생 후반기의 행복을 결정짓는 주요한 열쇠가 된다.

둘째는 '교양 저축통장'이다. 노후를 놀이와 휴식만으로 보낼 수는 없는 일이다. 자신의 가치를 보여 줄 수 있는 일이나 사회 활동을 계속하는 것이 좋다. 그러기 위해서는 현역 시절에 노후에도 쓸 수 있는 자격증이나 지식을 저축해 둘 필요가 있다. 목표를 정하고 따로 시간을 투자해 자격증을 취득해 놓는다면 두 번째 인생의 가능성은 크게 열릴 것이다.

은퇴 후 좋아하는 취미를 마음껏 즐기기 위해 신체 건강은 당연히 따라와야 한다. '건강 저축통장'도 가능한 한 젊었을 때 충실히 만들어 두는 것이 중요하다. 여기서 한 가지 흥미로운 점은 많은 은퇴자가 현역 시절 꾸준히 점검해 봐야 할 건강 관리 항목으로 '치아'를 꼽는다는 사실이다. 노년에 건강을 유지하려면 잘 먹어야 하는데 그것도 이가 건강해야 할 수 있는 일이다. 은퇴 전에 치아 관리를 철저히 하고 치아 건강에 필요한 시술을 미리미리 받아 두는 것이 좋다. 물론 젊은 시절과 똑같이 치아 건강을 유지하는 것은 불가능하고 그럴 필요도 없다. 노년의 '영양'뿐 아니라 '삶의 질'과 직결되니 문제니 그냥 흘려듣지 말고 신경 쓰라는 얘기다.

넷째는 은퇴 후 즐거운 시간을 함께 보낼 수 있는 '친구 저축통장'이다. 퇴직하면 일 중심의 인간관계는 끊어지기 마련이다. 가족이 있으니까 외롭지 않다고 하는 사람들도 있지만 배우자를 포함해 가족에게도 그 사람만의 '자유 시간'이 필요하다. 가족에게 너무 의존하면 자기도 모르는 새 가족의 '짐'이 되어 버릴 수 있으니 주의하자.

그래서 현역 시절부터 회사 일과 전혀 상관없는 인간관계, 다시

은퇴 전 꼭 필요한 '5개의 통장'

하나, 취미 저축통장
– 일상의 즐거움이 노후 행복의 열쇠

둘, 교양 저축통장
– 보람된 노후 사회 활동을 위한 지식 필요

셋, 건강 저축통장
– 취미도 사회 활동도 건강이 필수 전제 조건

넷, 친구 저축통장
– 노후에는 일과 무관한 '사적 인맥'이 더 중요

다섯, 돈 저축통장
– 구체적인 노후 계획에 맞춰 저축 플랜 짜기

말해 '사적 인맥'을 만드는 노력이 필요하다고 은퇴 선배들은 조언한다. 그동안 소원했던 학창 시절 친구들을 찾아가 만나 본다거나 전혀 직종이 다른 사람들과의 교류를 시도하는 등 회사나 일과 무관한 인간관계를 의식적으로 만드는 것이 중요하다.

마지막 다섯 째는 아무리 강조해도 지나치지 않은 '돈 저축통장'이다. 퇴직 후 생활에 대한 구체적인 그림을 그리다 보면 그것을 실현하는 데 대략 어느 정도의 돈이 들어가는지 견적이 나올 것이다. 그러면 그 견적에 맞는 구체적인 저축 플랜을 짜는 것도 당연히 수반되어야 한다. 은퇴 후 생활에 대한 실질적인 계획이 없으면 아무리 돈을 저축해도 불안할 수밖에 없다. 구체적인 노후 계획과 자금 저축이 항상 함께 가야 하는 이유다.

취미, 교양, 건강, 친구, 돈. 은퇴 후 생활을 풍요롭게 해줄 5개의 저축통장 가운데 자신이 몇 개의 통장을 가지고 있는지 한번 따져 보자. 그리고 자신이 놓친 것이 있다면 바로 지금이 통장을 만들 가장 좋은 타이밍이다.

당신의 마음 나이는 몇 살인가

현재 우리의 '마음 나이'는 몇 살일까? 남의 말에 쉽게 '욱!'한다거나, 언제부턴가 설레는 감정이 사라졌다고 한다면 이미 '마음의 노화'가 시작됐는지도 모른다. 뇌의 노화는 언어나 계산 등 지적 기능이 아닌 감정을 주관하는 부분에서 시작되기 때문이다.

일본의 대표적인 시니어 매거진 《닛케이 OFF》는 2018년 최신 의학 성과를 근거로 한 '마음의 노화'에 대한 기획 기사를 실었다. 그중에서 정신과 전문의 와다 히데키和田秀樹 원장이 말하는 마음의 노화 원인과 그 증상, 그리고 마음을 젊게 하는 처방전은 노년을 맞이한 사람이라면 누구나 되새겨 볼 만한 내용이다.

일단 자신의 '마음 나이'부터 점검해 보자. 다음의 질문에 '그렇다' '보통이다' '그렇지 않다'로 답하고, 각 답에 해당하는 점수를 계산해 보면 된다. 질문의 종류는 크게 2가지인데, 하나는 일상생활에서 마음의 연령을 측정하는 것이고, 다른 하나는 직장 생활 태도에서 마음의 노화를 테스트하는 것이다.

질문 내용	그렇다	보통	그렇지 않다
1 최근 친구나 동료에게 놀자고 권유한 적이 없다.			
2 성욕이나 호기심이 많이 감퇴하고 있는 느낌이다.			
3 일에 실패하면 예전보다 쉽게 털어 내지 못한다.			
4 나의 생각과 다른 의견은 좀처럼 받아들이기 어렵다.			
5 어린 사람에게 반말을 들으면 순간적으로 '욱'한다.			
6 '이 나이에 시작해서 뭘 할 수 있겠나'라고 자주 생각한다.			
7 즐기는 데 돈 쓰기보다 노후를 위해 저축해야겠다고 생각한다.			
8 신경 쓰이는 일이 생기기라도 하면 그것이 한동안 지속된다.			
9 최근 뭔가에 감동받거나 눈물을 흘려 본 기억이 없다.			
10 직장 부하나 동료, 가족에게 버럭 화를 내는 일이 많다.			
11 창업은 젊은 사람들의 이야기라고 생각한다.			
12 최근 6개월간 영화를 한 편도 안 봤다.			
13 부부싸움을 하면 도무지 화를 억누르기 어렵다.			
14 신간 서적, 지역 문화센터, 자격시험, 여행 등의 광고에 흥미가 생기지 않는다.			
15 친구의 자랑을 예전처럼 참고 듣질 못하겠다.			
16 최근 한 달 동안 책을 한 권도 읽지 않았다.			
17 '요즘 젊은이들을 이해할 수 없다'고 자주 생각한다.			
18 어느 하루에 있었던 일 때문에 진정이 안 돼 잠을 못 자는 경우가 많아졌다.			
19 최근 눈물이 많아진 것 같다.			
20 예전에 비해 참신한 아이디어가 떠오르지 않는다.			
21 패션 잡지나 인기 맛집 잡지는 나와 다른 세계의 일이라고 생각한다.			
22 한 가지 묘안이 떠오르면 거기에 꽂혀 헤어나질 못한다.			
23 예전보다 짜증이 많아졌다.			
24 최근 몇 년간의 여행은 스스로 계획하기보다 남들의 일정에 따라간 것뿐이다.			
25 예전에 비해 여러 측면에서 행동이 굼떠졌다.			
개수	개	개	개
개수에 각각 3, 2, 1점을 곱한다.	×3	×2	×1
소계	①	②	③

1	상대가 하는 말이 아첨인 것을 알면서도 기분이 좋다.			
2	'저 친구는 본래 ○○이니까 별수 없다'는 등 타인에 대해서 단정적으로 말하는 경향이 생겼다.			
3	남에게 뭔가를 물어보거나 부탁하는 것이 귀찮다.			
4	업무에서 '이렇게 하는 것이 좋을 것 같다'는 생각이 떠올라도 귀찮아서 침묵한다.			
5	한번 싫어진(혹은 마음에 든) 동료나 부하의 장점(단점)을 좀처럼 인정하고 싶지 않다.			
개수		개	개	개
개수에 각각 2, 1, 0점을 곱한다.		×2	×1	×0
소계		④	⑤	0

▶ **당신의 '감정 연령'은 몇 살일까?**

질문에 답을 체크했다면, 항목별 소계를 다 더해 보자(①+②+③+④+⑤). 그 점수의 총합이 바로 자신의 마음 나이, 즉 '감정 연령'이다. 테스트 결과 마음의 나이와 실제 생물학적 나이가 얼마나 차이 나는지 살펴보자. 마음 나이가 실제 나이보다 많다면, 당신의 뇌는 이미 노화가 진행되고 있는 것이다. 와다 원장에 따르면 마음의 노화는 의학적으로 의욕이나 창의성을 담당하는 뇌의 부위인 전두엽이 위축되면서 그 기능이 떨어지는 것을 의미한다. 이 전두엽의 위축은 빠른 경우 40대부터 시작된다.

그럼 마음의 노화는 왜 일어나는 걸까. 크게 4가지 이유를 들 수 있는데 가장 주요한 원인은 전두엽의 퇴화다. 전두엽은 감정의 컨트롤을 비롯해 마음의 자발적 의지, 의욕, 창의성 등 활력 넘치는 젊음과 밀접한 관계가 있는 뇌의 부위다. 그리고 이 부위가 위축되면 눈에 띄게 행동의 노화가 시작된다. 만사가 귀찮아지고 기분 전환이 잘 안 되는 것도 이 전두엽의 위축 때문이다. 와다 원장은 "뇌 부위 가운데 가장 먼저 위축이 시작되는 곳이 전두엽이라는 점에 주목해야 한다"면서 "뇌는 사용하지 않으면 점차 노쇠해지는데, 특히 나이가 들수록 노쇠 속도가 빨라지고 강도가 세진다"고 강조한다.

두 번째 원인은 중년 이후 감소하는 신경전달 물질 세로토닌의 부족이다. 세로토닌 분비량이 부족해 제대로 전달이 안 되면 기분이 가라앉기 쉽고 우울증에 걸릴 가능성도 높아진다. 노인성 우울증은 치매와 직결되기 때문에 특히 조심해야 한다고 와다 원장은 말한다. 세 번째 원인은 감정과 연관성이 별로 없을 것 같은 뇌혈관의 동맥경화가 실은 뇌 기능을 약화시켜 자발적 의지를 떨어뜨린다는 것이다. 여기에 남성 호르몬의 감소도 한몫하면서 의욕과 집중력 저하를 가져오기 쉽다. 마지막은 바로 획일적인 생활 방식이다. 은퇴 후 마음의 노화를 가져오는 대표적인 생활 패턴에 대해 와다 원장은 다음과 같이 설명한다.

"'좋아하는 작가의 책만 읽고, 매일 똑같은 산책 코스를 걸으며, 마음이 편한 사람들하고만 만난다'는 생활 패턴은 겉보기에 스트레스가 없는 바람직한 일상일 것 같지만 실은 이런 변화 없는 일상이 몸과 마음을 빠르게 늙게 한다."

그러면 어떻게 해야 마음의 나이를 결정짓는 전두엽의 위축을 막을 수 있을까. 와다 원장은 2가지 처방전을 제시한다.

첫째, 뇌의 '출력 루트'를 단련해야 한다. 인간의 기억력에는 기억을 저장하는 '입력 루트'와 기억을 꺼내는 '출력 루트'가 있다. 와다 원장은 "기억하는 것, 그러니까 입력에만 신경 쓰는 사람들이 많은데, 실은 중년 이후에 더 주의를 기울여야 하는 것이 기억을 꺼내는 힘 즉, 출력 능력"이라고 말한다. 보다 구체적인 처방으로 글을 '읽는 것'보다 '쓰는 것'을 추천한다. 자신만의 인터넷 블로그를 운영하면서 수시로 글을 써 보는 것만으로도 좋은 효과를 볼 수 있다. 또 다양한 사람과 만나서 대화하는 것이 출력의 기회를 늘리는 동시에 전두엽을 자극한다는 것을 기억하라.

둘째, '일탈'의 적극적인 수용이다. 평소에 안 하던 것에 도전해 전두엽을 단련해야 한다. 사실 나이가 들면 한 번도 안 해 봤던 일을 가급적 피하려고 하지만, 일탈은 말 그대로 '익숙한 일상'에서 멀어지는 것이다. 계속해서 마음 편한 것만 찾다 보면 마음의 노화가 가속화된다. '비非일상화'를 위한 처방의 하나로 일부러 지금까지 한 번도 가 본 적 없었던 새로운 산책 코스를 걸어 보거나 새로운 스포츠에 도전하는 것, 판매점의 키오스크 시스템을 이용하는 것이 있다. 또 이성과 사랑을 하는 것도 '강추'다. 이성에 대한 설렘, 앞으로 어떤 일이 일어날 것인지에 대한 기대감이 전두엽을 강하게 자극하기 때문이다.

참고문헌

인용 책과 논문 연구자료

가마타 미노루 鎌田實,《いいかげんがいい》, 集英社, 2008.

가와카미 다에코 河上多恵子,《始めよう! '定年塾'》, 学研新書, 2012.

가카기리 에이코 片桐恵子,〈退職後の社会参加−研究動向と課題〉, 公益財団法人日本興亜福祉財団社会老年学研究所, 老年社会科学 34巻 3号, 2012.

가토 히토시 加藤仁,《定年後の8万時間に挑む》, 文春新書, 2008.

가토 히토시 加藤仁,《定年後─豊かに生きるための知恵》, 岩波新書, 2007.

닛세이기초연구소 ニッセイ基礎研究所,《定年前・定年後 新たな挑戦》, 朝日新聞社, 2007.

도야마 시게히코 外山滋比古,《50代から始める知的生活術》, だいわ文庫, 2015.

사카이야 다이이치 堺屋太一,《団塊の世代 '黄金の十年'が始まる》, 文芸春秋, 2005.

사토 아이코 佐藤愛子,《九十歳.何がめでたい》, 小学館, 2016.

소노 아야코 曽野綾子,《人間の分際》, 幻冬舎新書, 2015.

시노다 도코우 篠田桃紅,《一〇三歳になってわかったこと》, 幻冬舎, 2015.

아사다 지로 浅田次郎,《ハッピー・リタイアメント》, 幻冬舎, 2011.

우에노 지즈코 上野千鶴子,《싱글 행복하면 그만이다》, 이덴슬리벨, 2011.

이시다 준 石田淳,《一〇〇歳時代の人生マネジメント》, 祥伝社新書, 2017.

하라 고이치 原宏一,《극락 컴퍼니》, 북로드, 2011.

호사카 다카시 保坂隆 감수,《ひとり老後の楽しみ方》, リュウ・ブックス アステ新書, 2009.

호사카 다카시 保坂隆,《50代から'楽しい老後' の準備をはじめなさい》, 中経の文庫, 2014.

호사카 다카시 保坂隆,《定年から元気になる(老後の暮らし方)》, PHP文庫, 2014.

혼다 겐 本田健,《60代にしておきたい17のこと》, だいわ文庫, 2012.

신문 및 잡지 기사

《니혼게이자이신문 日本経済新聞》,〈起業指導や飲み会開催,定年後の人生応援, 都内企業, シニア向け〉, 2013/04/12.

《니혼게이자이신문》, 〈おひとりさま老後の備えは?一保険・投資より貯蓄重視, 相談できる人を増やす, 医療情報のカード用意〉, 2015/09/03.

《니혼게이자이신문》, 〈おひとりさま不安を解消する 4つの重要ポイント〉, 2014/06/24.

《니혼게이자이신문》, 〈ビジネス様式取り込み,地域デビュー名刺で勝負一男のやる気なじみの一歩で (くらし)〉, 2015/07/07.

《니혼게이자이신문》, 〈起業家, 3割が60歳以上 やりがい自ら作る－老いに克つ(2)〉, 2015/12/13.

《니혼게이자이신문》, 〈達人のワザーシニアの街歩きを指南, 鎌田政良さん,備え万全ゆっくり歩こう (くらし)〉, 2015/09/16.

《니혼게이자이신문》, 〈大内・神戸大教授 '転職可能な力を身につけるべき'－老いに克つ(1)〉, 2015/12/12.

《니혼게이자이신문》, 〈働きかた Next老いに克つ(2) シニアの起業,マイペース型──黒字確保へ, 事前の準備必要〉, 2015/12/13.

《니혼게이자이신문》, 〈働きかた Next老いに克つ(2) 起業家, 3割が 60歳以上──やりがい自ら作る〉, 2015/12/13.

《니혼게이자이신문》, 〈働きかた Next老いに克つ(3) 第2のキャリアは海外で ──生産現場で需要, 技術職有利〉, 2015/12/15.

《닛케이 머니 日経マネー》, 〈特集３ーおひとりさまの老後準備－おひとりさまの 老後準備－リスクは認知症と保証人の確保〉, 2015/12/01.

《닛케이 머니》, 〈特集3-'プチ農業'で稼ぐ&トクするー'プチ農家' さんを拝見〉, 2013/12/01.

《닛케이 머니》, 〈特集3-定年後のマネー&自己管理術－定年後のマネー&自己管理術－７人の 'シニア生 活エキスパート' に聞く '人生の出口' 念頭に〉, 2014/04/01.

《닛케이 베리타스 日経ヴェリタス》, 〈人生90年の備え,豊かな老後のためのマネー術〉, 2014/04/13.

《닛케이 소비인사이트 日経消費インサイト》, 〈おひとりさまの老後, '稼ぐ' 意欲で格差 アラフィフシングル女性が考える '20年後の自分'〉, 2014/04/10.

《닛케이 비즈니스 日経ビジネス》, 〈特集－あなたに迫る 老後ミゼラブル－Prologue－2040年, 日本を襲う'超々高齢化社会'〉, 2015/09/14.

《닛케이 비즈니스》, 〈お金の学校－定年後の生きがい起業－パーソナル－お金をかけずに '趣味の感覚' で〉, 2005/07/11.

《닛케이 비즈니스》, 〈特集－シルバー維新－シルバー維新－輝け! 銀の卵たち〉, 2014/04/14.

《닛케이 비즈니스》, 〈特集－早期退職の経済学 もし今,辞めたらどうなる?〉, 2012/06/18.

《마이니치신문 毎日新聞》, 〈14予算から: 福岡市 '地域デビュー' 応援 活性化, 絆づくり後押し 公民館をミニ図書館化 ／福岡〉, 2014/02/20.

《산케이신문 産経新聞》, 〈変わる働き方 生涯現役時代 シニア編(1) 再就職難, 定年でいきがいも喪失〉, 2013/06/03.

《산케이신문》, 〈変わる働き方 生涯現役時代 シニア編(2)〉, 2013/06/04.

《산케이신문》,〈変わる働き方　生涯現役時代　シニア編(3) 6人で2人分　ワークシェアで〉,
　　2013/06/05.

《산케이신문》,〈変わる働き方　生涯現役時代　シニア編(4) シニア市場でシニアが活躍〉,
　　2013/06/06.

《산케이신문》,〈変わる働き方　生涯現役時代　シニア編(5) 超高齢社会, 70歳までは働く〉,
　　2013/06/07.

《산케이신문》,〈退職後の'地域デビュー'自治体の'講座'で仲間作りも〉, 2014/03/04.

《아사히신문 朝日新聞》,〈第2の青春,楽しめ団塊　杉戸の羽田さん, 出版'仲間を作るべし'／埼玉
　　県〉, 2012/11/30.

《아사히신문》,〈定年後の地域デビュー〉, 2014/02/02.

《아사히신문》,《(なるほどマネー) リタイアに備える:1 '一生涯費目'のムダ削ろう〉, 2014/10/19.

《아사히신문》,《(なるほどマネー) リタイアに備える:2 'なぜ買ったか'自問しよう〉, 2014/10/26.

《아사히신문》,《(なるほどマネー) リタイアに備える:3 50代, 死亡保障額の見直しを〉, 2014/11/02.

《아사히신문》,《(なるほどマネー) リタイアに備える:4 運用の前に家計のムダ省く〉, 2014/11/09.

《아사히신문》,《(なるほどマネー) リタイアに備える:5 定年後, '長く働く'のも有効〉, 2014/11/16.

《아사히신문》,《(なるほどマネー) リタイアに備える:6 老後資金いくら? 想定作ろう〉, 2014/11/23.

《아사히신문》,《(なるほどマネー) リタイアに備える:7 税や保険,事前に手続き把握〉, 2014/11/30.

《아사히신문》,《(なるほどマネー) リタイアに備える:8 離婚で分割,厚生年金のみ〉, 2014/12/07.

《아사히신문》,《(なるほどマネー) リタイアに備える:9 早期退職,金銭以外も考えて〉, 2014/12/14.

《아사히신문》,《(なるほどマネー) リタイアに備える:10 幸福度グラフをつくろう〉, 2014/12/21.

《아사히신문》,《(なるほどマネー) リタイアに備える:11 がん保険検討,貯蓄と両輪で〉, 2014/12/28.

《아사히신문》,《(なるほどマネー) リタイアに備える:12 介護に利用できる制度知ろう〉, 2015/01/11.

《아사히신문》,《(なるほどマネー) リタイアに備える:13 住宅ローン,繰り上げ検討を〉, 2015/01/18.

《아사히신문》,《(なるほどマネー) リタイアに備える:14 まずはライフプラン作成を〉, 2015/01/25.

《아사히신문》,《(なるほどマネー) リタイアに備える:15 FP選び,得意分野を見極めて〉, 2015/02/01.

《아사히신문》,《(なるほどマネー) 定年後に起業する:1 身の丈起業,生活に'張り'〉, 2015/04/20.

《아사히신문》,《(なるほどマネー) 定年後に起業する:2 顧客いて無借金ならOK〉, 2015/04/27.

《아사히신문》,《(なるほどマネー) 定年後に起業する:3 ノウハウは現役時代にあり〉, 2015/05/04.

《아사히신문》,《(なるほどマネー) 定年後に起業する:4 人の役に立つ,新たな喜びに〉, 2015/05/11.

《아사히신문》,《(なるほどマネー) 定年後に起業する:5 顧客の立場でサービス提供〉, 2015/05/18.

《아사히신문》,《(なるほどマネー) 定年後に起業する:6 前職時代の常識は捨てて〉, 2015/05/25.

《아사히신문》,《(なるほどマネー) 定年後に起業する:7 会社勤めにない発見,たくさん〉, 2015/06/01.

《아사히신문》,《(なるほどマネー) 定年後に起業する:8 50～60代の挑戦,米でも増加〉, 2015/06/08.

《아사히신문》,《(なるほどマネー) 定年後に起業する:9 分の看板で独自の情報発信〉, 2015/06/22.

《아사히신문》,《(なるほどマネー) 定年後に起業する:10 今を大切に,それが最大の準備〉,

2015/06/29.

《요미우리신문 読売新聞》, 〈団塊の世代 'デビュー' 講座 活況〉, 2013/07/10.

《요미우리신문》, 〈いい夫婦 '忍' が大切 '関係表す字' 男女でトップ 50歳以上に調査〉, 2014/11/16.

《주간 다이아몬드 週刊ダイヤモンド》, 〈特集 全対策 団塊定年 2年後に備えよ!〉, 2005/12/24.

《주간 다이아몬드》, 〈特集 老後を楽しむための 'お金' 入門〉, 2010/12/11.

《주간 다이아몬드》, 〈特集 後悔しない '老後' 知らないと損する老後の全情報〉, 2008/04/12.

《주간 다이아몬드》, 〈編集長インタビュー 作家 堺屋太一 子や孫にカネをやるな! 定年後は自分の
ために使え それが次世代の役に立つ高齢化対応社会を創り出す〉, 2005/12/24.

《주간 아사히 週刊朝日》, 〈定年までにやっておきたいこと: 上 成功例・失敗例に学ぶ, 1600人アン
ケート〉, 2011/01/21.

《주고쿠신문 中国新聞》, 〈退職後大丈夫? '定年力' を検定 鹿児島のNPO法人〉, 2006.10.23.

《프레지던트 プレジデント》, 〈定年後が面白くなる '捨てる習慣' のススメ 弘兼憲史／佐々木常夫／
保坂隆〉, 2017/09/18.

《프레지던트》, 〈1万5000軒調査 '一生ハッピーVS破綻' の分かれ目 山本信幸〉, 2012/07/02.

《프레지던트》, 〈50代～－老後も安心 '3つの自己否定' で生涯の仕事を拓く 津田倫男〉,
2012/02/13.

《프레지던트》, 〈シニア1000人調査で判明 'リタイア前にやるべきだった…' 後悔トップ20 長山清
子〉, 2012/11/12.

《프레지던트》, 〈シニアの後悔2 佐々木常夫 '50代でやっておけばよかった老後の準備'〉,
2015/11/02.

《프레지던트》, 〈リタイア世代300人直撃調査 解明! '老後リッチVSプア' の分かれ目 藤川太〉,
2013/10/14.

《프레지던트》, 〈家計に '5つの新型爆弾' 現る! 人生後半戦, お宅の収支を徹底予測 山本信幸〉,
2013/10/14.

《프레지던트》, 〈金持ち老後, 貧乏老後〉, 2012/01/16.

《프레지던트》, 〈夢の定年ライフを襲う '6つの強敵' 撃退法〉, 2014/10/13.

《프레지던트》, 〈人生経験はこう生かせ! 年金＋月10万円の楽しい稼ぎ方〉, 2016/11/14.

《프레지던트》, 〈定年後もずっと稼ぐ人のスキル解剖〉, 2016/07/04.

《프레지던트》, 〈豊かでなくても '豊かに暮らす' 知恵,教えます〉, 2012/01/16.

《프레지던트》, 〈下流老人VSハッピー老人そこが分かれ目!〉, 2016/06/13.

《홋카이도신문 北海道新聞》, 〈団塊の世代 シリーズ総決算＊近未来の日本へ提言＊堺屋太一さん
最新刊＊'職縁' から離れた定年後 生き方予測〉, 2014/01/22.